ラームを知る
21

ムスリム NGO
信仰と社会奉仕活動

Nejima Susumu
子島 進

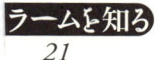

ムスリムNGO　信仰と社会奉仕活動　目次

監修：NIHU（人間文化研究機構）プログラム　イスラーム地域研究

NGOをとおしてイスラームを知る

ムスリム（イスラーム教徒）のＮＧＯと聞いたとき、人はどのようなイメージを思い浮かべるのだろう。いったいどんな活動をしているのか、具体的に思い浮かばないという人も多いのではないだろうか。本書でムスリムＮＧＯというとき、それはイスラームの信仰に根ざしつつ、緊急救援や教育、福祉といった分野で社会奉仕に努める団体のことを指している。

本書で紹介する事例の多くは、筆者が長年調査を続けてきたパキスタンからのものとなっている。ＮＧＯの数が増加し、活動分野が拡大していることは世界的な傾向であるが、パキスタンもこの例にもれない。筆者が調査を始めた二十世紀末の段階で、同国におけるＮＧＯの数は一万をこえる程度であった。これは政府に登録された団体数であるが、その後もＮＧＯはふえ続け、現在、登録団体数は四万五〇〇〇に達している。未登録のものも含めると、総数は一〇万ともいわれている。ＮＧＯの増加は、社会問題の深刻化と、問題に自ら取り組もうとする人々の増加を反映している。近年、カシュミール地震や大洪水といった大規模な自然災害がパキスタンを続けざまにおそい、そのさいに多くのＮＧＯが支援活動に取り組んだこともあって、社会における認知度もかなり高くなってきた。

ムスリム人口が大多数を占めるパキスタンであるが、ＮＧＯの多くは、宗教的な理念を前面に出さないかたちで、活動をおこなっている。彼らは、開発・平和・人権などの分野において、欧米や日本のＮＧＯとも協働している。その意味では、ＮＧＯはグローバル化の申し子であり、今後もさらに普遍的な存在となっていくだろう。

一方で、ＮＧＯは自らの信念にもとづき、自発的に活動する人々が組織する存在でもある。宗教的な動機に根ざして、活動を立ち上げる場合もある。そしてイスラームは、広く深く信者の社会生活に根をおろしており、イスラーム復興の定着、日常化がいわれる今日であれば、社会生活への浸透はなおさらのことであろう。パキスタンでも、信仰に根ざしたかたちで自らの理念を表明し、活動を展開するＮＧＯを見出すことができる。これらのＮＧＯを考察対象として「イスラームを知る」ことに取り組んでみたい。

本論にはいる前に本書のタイトルについて説明したい。まず、ムスリムＮＧＯという言葉である。筆者は、この言葉を「イスラーム系ＮＧＯ」「イスラーム的な(価値観や制度に根ざした)ＮＧＯ」などと同義語として使っている。以前は、これらの用語を使っていたが現在では、ＮＧＯの形容詞として「イスラーム」の使用を避け、ムスリムＮＧＯを用いるようにしている。その理由は、インタビューをとおして、自らかかわるNGOを「イスラーム的」と形容されることに憂慮《ゆうりょ》を示すムスリムもいることがわかったからである。これはパキスタンに限らない。それぞれの国の政府との関係から、イスラームという用語が問題となることもあるが、第一には「過激なイスラーム団体」との混同を恐れてのことである。

じつは、これは私たちの認識の問題でもある。筆者が「パキスタンでイスラームに根ざしたNGOの調査をしている」と話すと、「危ないんじゃないんですか。大丈夫なの」と聞き返す人が多い。なかには「裏でテロに手を貸しているのでは」と疑いをいだく人もいる。相手が大学の教員でも、とくにイスラーム関連の研究者でなければ、反応は似たようなものである。キリスト教系や仏教系のNGOに対して、テロとの関係で疑う人はまずいないが、「イスラーム系」と聞くと、テロを連想してしまう。たしかに、二〇〇一年の九・一一事件以降も大小の事件が「イスラームの過激派」によって繰り返し引きおこされてきた。「過激派」とは、言葉の定義からすれば、一般大衆の考えや行動から遠くへだたったところに位置しているはずである。しかし、その「過激派」がイスラームを乗っ取り、私たちのもつイスラームのイメージを独占してしまったかのようである。

「イスラーム復興」という言葉にしても、登場してからずいぶん時間がたった。復興が社会的な現象として定着したのであれば、イスラームの基本である五行[1]を熱心に実行する人がふえているはずである。この五行のなかには、財産を貧しい人や困っている人にほどこす喜捨（ザカート）が含まれている。喜捨する人がふえれば、その一部はＮＧＯにもたらされ、福祉や社会開発に役立てられることになる。しかし、私たちの多くは政治的に過激な主張をする団体の登場をもってイスラーム復興とみなし、「原理主義だ、困ったものだ」と感じているのではないだろうか。これでは草の根レベルで教育や福祉に従事しているＮＧＯのボランティアや職員は宗教的な価値観を前面に出しにくいし、過激派と同じカテゴリーにくくられてしまうと不安を感じてもおかしくはない。ムスリムＮＧＯと言い換えれば問題がなくなるわけでは決してないが、彼らの懸念を理解することを忘れてはならないと思う。

社会奉仕という言葉についても説明の必要があるだろう。この言葉は、現代日本の文脈においては、やや古くさいという印象を与えるかもしれない。一九六四年生まれの筆者の少年時代には、社会奉仕という言葉をまだ使っていたような記憶がある。それが現在では、主として「ボランティア」が使われるようになり、その強調点も個人へと移行した。自発的な意思にもとづいてアクションをとる個人が、同じ活動に取り組む個人との間でネットワークを築いていき、やがて大きな動きをつくり出していくという構図である。これに対

1 五行は，①信仰告白，②礼拝，③喜捨，④断食，⑤巡礼からなる。

して、社会奉仕という言葉からは、人が無私の心で社会に貢献するというニュアンスが感じられる。対照的に、ボランティアには自己実現という意味合いも多分に含まれている。

ムスリムにとっても、行動の出発点は個人の意思である。それでは、日本とはどこが異なるのだろうか。ここで今一度、イスラームの復興という文脈を読み取る必要がある。信仰への回帰は、単に礼拝や断食にとどまらず、神からのメッセージが、人を自発的なアクションへと誘っている。Aさんが Bさんに支援の手を差し伸べるとき、「貧者や困窮している者を助けなさい。報いは必ずあるから」との教えに従い、「神に奉仕している」のである。

国や宗教にかかわらず、ボランティア活動に踏み出すとき、人はなにがしかの躊躇《ちゅうちょ》を感じることが多い。身近な例として、公園にゴミが散らかっているとしよう。「これはお掃除の人の仕事だ」とやらないですますことはできるが、公園にいる間、気分は良くない。いまここで自分がゴミを拾えば、遊んでいる子どもたちも喜ぶだろう。しかし、手持ちの袋もないし……、このように気持ちが揺れ動く経験は、誰にでもあるのではないだろうか。「これは私がやることではない。国が、自治体が、誰か専門家がやればいいのではないだろうか……」目の前の問題が大きくなればなるほど、そのように考えてしまいがちである。

第1章で紹介する日本在住のパキスタン人が、東日本大震災に際して福島県いわき市へ支援に向かったとき、大きな葛藤があったという。「なにかあったら誰が家族を守るんだろうか、放射線が心配だが大丈夫だろうか……」。このように逡巡《しゅんじゅん》するとき、その背中を押してくれるのが、奉仕を求める神からのメッセージなのだという。トルコのヒズメット運動(二四頁コラム参照)、パキスタンのアル・ヒドマット(四二頁参照)は、どちらもそれぞれの国でよく知られたNGOであるが、その名称は「奉仕」を意味する。奉仕という言葉によって、現代に生きるムスリムがその価値観を表明しているのである。

ムスリムNGOの活動を主導する人々の特徴として、宗教的義務を進んで実践することに加えて、ビジネス感覚をもち、インターネットを日常的に使うミドルクラスに属していることもあげられるだろう。第2章では彼・彼女たちが、NGOのより良いかたちを求めて、教育や福祉に参入している事例を紹介したい。この動きはきわめて興味深いものであるが、だからといってNGO自体がパキスタン社会にとって、新参者だというわけではない。第3章では、老舗NGOの一つであるハムダルド財団を紹介する。その歴史は、もともとの起源に遡れば、優に一〇〇年をこえるものとなる。近代以前のイスラーム文明がはぐくんだ伝統と、現代のNGOの一つの接合のあり方を、ハムダルドから探っていきたい。

第4章と第5章では、開発学・NGO研究における基本的な研究を参照しつつ、ムスリムNGOの特徴について、さらに考えていくこととしたい。やや先取りしていえば、開発学・NGO研究の観点から見るとき、ムスリムNGOには慈善型が多いことに気付かされる。これは、「困っている人に助けの手を差し伸べなさい」という教えに重きがおかれているとすれば、当然の帰結ではある。そして、緊急時の食料や物資の配布においては、この教えは大きな効力を発揮するだろう。

一方、現代のNGOは、国境をこえて、「参加」「自立」あるいは「エンパワーメント」といった概念を重視している。問題をかかえる当事者が集まり、たがいに話し合いながら、解決のためのアクションをとっていく。そこでは慈善型よりも、住民参加型のコミュニティ開発が基本である。パキスタンでこれらの概念を主唱しているのは、どちらかといえば宗教色の薄いリベラルなNGOである。パキスタン人自身が創設・運営する団体に加えて、アクションエイド・パキスタン、アジア財団パキスタンなど、欧米と深いつながりをもつ団体がある。彼らもまた、長年にわたってパキスタンに根を張り、活動を継続してきた。

本書では、あくまでも信仰に根ざした理念を掲げるムスリムNGOに焦点を絞って議論を進めていくが、慈善から「参加」や「自立」へといたるプロセスについて考察することも、きわめて重要であると認識している。アーガー・ハーン（シーア派の分派であるイスマーイール派の最高指導者）が推進した農村開発や、モスクを拠点とするコミュニティ開発を事例に議論を深めていきたい。

第1章　東日本大震災

JITによる支援活動

二〇一一年三月十一日に起きた東日本大震災から話を始めたい。この日に発生したマグニチュード九の大地震と津波が、東北沿岸部の多くのコミュニティを壊滅させた。発表される死者数は日を追うごとにふえ続け、行方不明者を含めて一万八〇〇〇人をこえることとなった。さらに、深刻な原発事故が混乱を追い打ちし、東日本大震災は未曾有の複合災害となった。

この大災害に際して、国内外から多くの人々が被災地へと向かった。各国政府からの派遣、国際NGOによる支援、そして「とにかくなにかをしたい」と駆けつけた多くのボランティアたちである。そのような支援活動をおこなった団体の一つに、ジャパン・イスラミック・トラスト[1]（以下JITと表記）がある。JITは、一九九四年に創設された非営利団体であり、宗教法人日本イスラム文化センターとして、文化庁に登録されている。一九

1　英語表記は，Japan Islamic Trust である。

九九年には東京都豊島区南大塚にビルを購入し、本部としている。このビルが、すなわち大塚モスク（大塚マスジド）である。このため、一般にはＪＩＴよりも大塚モスクと呼んだほうがわかりやすいかもしれない。しかしながら、組織的にはＪＩＴがモスクよりも上に位置し、ＪＩＴの活動の一環として、大塚モスクの運営がある。そこで本書では、一貫してＪＩＴと表記することとしたい。

このＪＩＴの中心メンバーには、日本で長く暮すパキスタン人が数多くいる。会長のアキール・シディキ氏（第2章で紹介するタンヴィール・シディキ氏は弟。以下アキール氏とする）、事務局長のクレイシ・ハルーン氏[2]ら、パキスタン人がＪＩＴの活動の推進力となっている。

支援を開始するきっかけについて、トルコのＩＨＨ[3]というＮＧＯに背中を押されたから、とハルーン氏は語る。

地震があってすぐに、トルコから電話がかかってきました。彼らはパキスタンでも支援活動をしていて、その関係で私たちに連絡してきたんです。日本に行くから案内してくれと。ＩＨＨのメンバーは、十二日には関西国際空港に到着しました。トルコから支援にやってくる人がいるんだから、私たちもなにかしなくちゃいけないという気持ちになりました。

2 ハルーン・クレイシ氏は，日本ではクレイシ・ハルーンと自らの氏名を表記している。

3 トルコ語の名称はİnsan Hak ve Hürriyetleri ve İnsani Yardım Vakfı.「人権・自由・人道的支援のための財団」という意味で，英語名称はThe Foundation for Human Rights and Freedoms and Humanitarian Reliefである。

ＩＨＨは、国連の経済社会理事会との特殊協議資格を有し、世界各国で人道支援に従事している。ハイチ地震（二〇一〇年）やパキスタン大洪水（二〇一〇年）に際して緊急支援活動をおこなってきたが、東日本大震災に際しても、宮城県や福島県で食料や物資の配布をおこなった。このＮＧＯに関しては、二〇一〇年、パレスチナのガザ地区へ支援物資を運ぶ船団の派遣にかかわっていたといえば、思いあたる読者もいるかもしれない。イスラエルによる封鎖のため、ガザ地区では食料や日用品を簡単にえることができず、住民は困窮していた。その支援に向かった船が公海上でイスラエル軍部隊の強襲を受け、トルコ人メンバーが殺害された事件は、マスメディアでも大きく報道された。

さて、ＪＩＴの被災地救援の第一便は、おにぎり五五〇個、インスタントラーメン、ビスケット、飲料水を積んで、三月十三日に仙台へ出発した。トラックは仙台市内の津波被害のあった場所まで行ったが、まだ詳細な状況は把握できなかったため、物資を宮城県庁に託して東京へもどっている。第二便出発の十五日までには、イスラームのネットワークから少しずつではあるが情報が集まりつつあった。その後、仙台の日本人ムスリムと連絡がついたことから、仙台マスジドへと向かっている。当時、東京周辺で物資を集めることはきわめて難しかった。紙おむつ、お茶、インスタントラーメンなどを集めたのは、東海地方のムスリムである。このように国内のムスリムのネットワークを活用することで、Ｊ

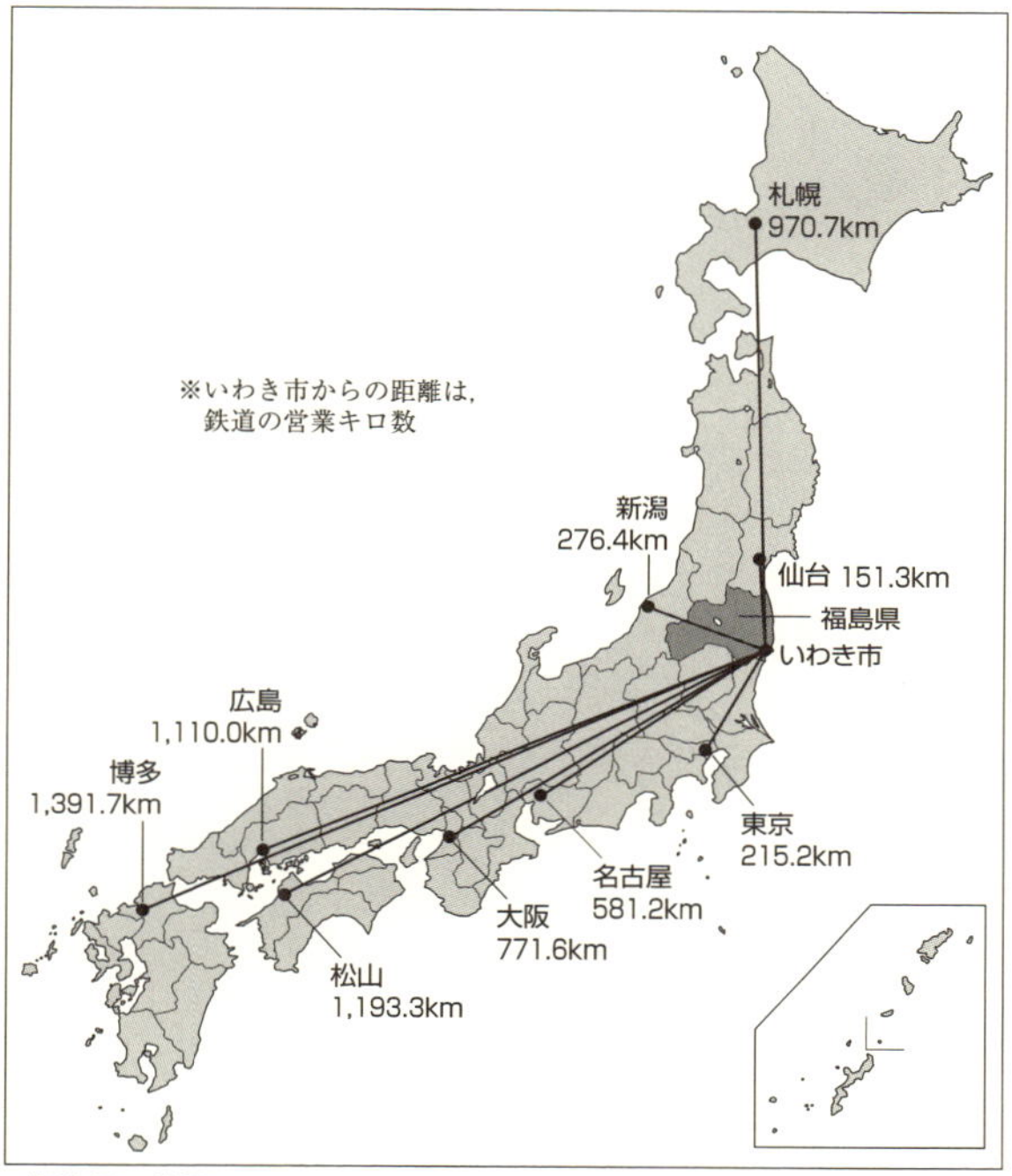

▲福島県の位置

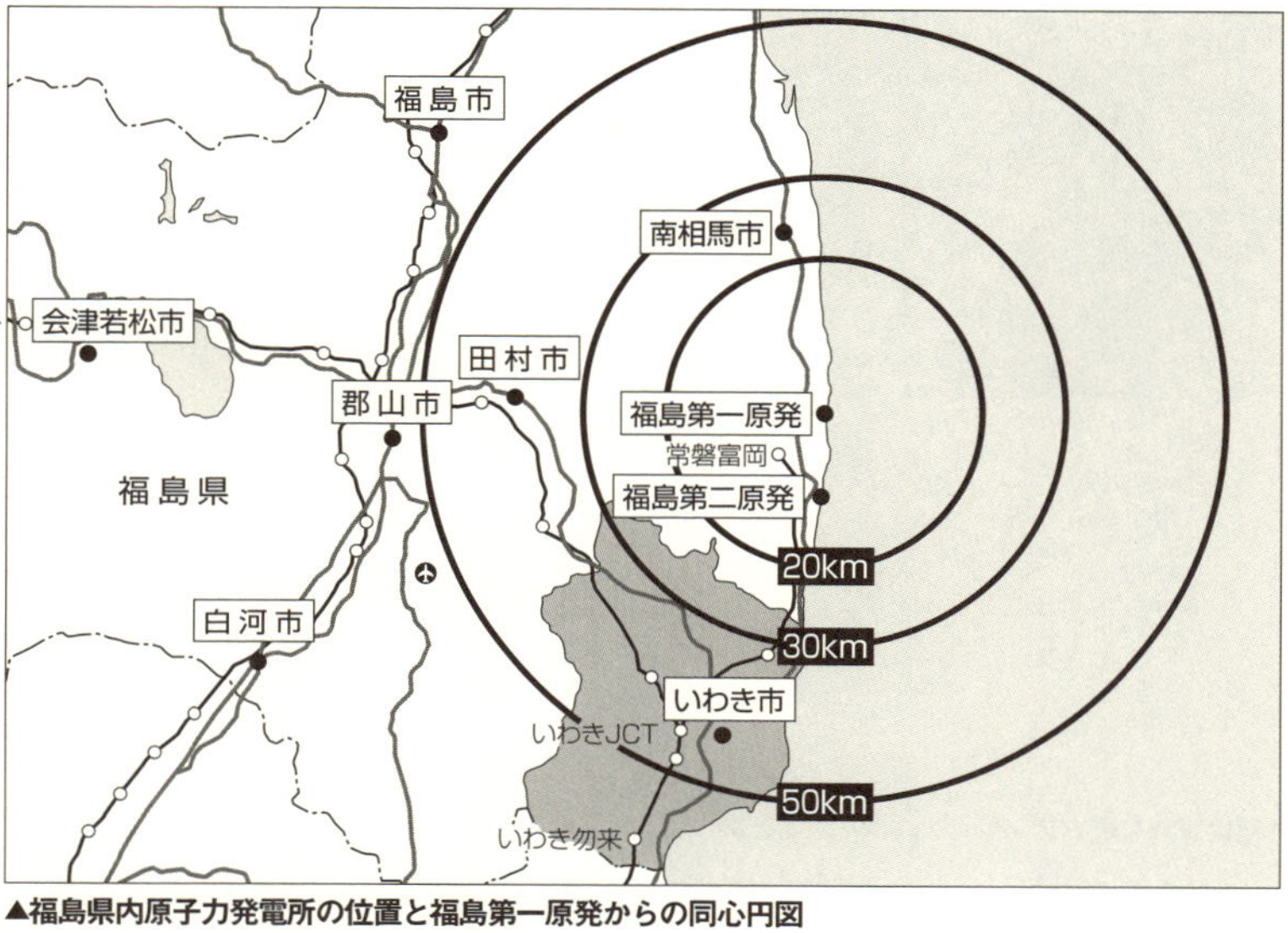

▲福島県内原子力発電所の位置と福島第一原発からの同心円図

ＩＴは宮城県の山元町、気仙沼市、南三陸町などの避難所に矢継ぎ早に救援物資を届け続けた。

　三月二十七日の第八便から、原発事故の影響で救援が手薄になっていた福島県いわき市へ向かった。福島第一原発からいわき市中心部の平まではおよそ四〇キロである。十二日以降の原発事故による放射性物質の拡散が、人々にもたらした恐怖と不安はいかばかりだったろうか（市によるアンケート調査からは、このとき、総人口三〇万人をこえるいわき市から、半数近い住民が避難したと推定される）。被曝《ひばく》を恐れて、多くの人々が市外へと避難する一方、外からの救援が滞ることとなった。茨城県北茨城市での救援活動から、さらに福島県いわき市へと活動を北進させていったあるＮＧＯのブログは、当時の状況を次のように伝えている（シャプラニール＝市民による海外協力の会[4]、三月二十一日）。

　福島原発の事故の影響で、この地域で救援物資を運んでいる人たちも北茨城市までは行くが、いわき市までは

◀**アキール・シディキ氏**　後方に大塚モスクが見える。2011年3月13日撮影。

▶**救援物資を運ぶクレイシ・ハルーン氏と次男のイブラヒーム君**　2011年3月13日撮影。

いけないという人や団体が多い状況です。北茨城市は十九日から次第に物資が入り始めています。二十日からは宅急便も配達できるようになりました。一方、いわき市は、いまだに物資がはいっていません。いわき市は、地震、そして津波、さらに原発。各地で支援がはいっているものの、この地域にはなかなかはいって来れません。

原発事故直後には情報も少なく、いわき市に向かうことは簡単ではなかった。異国の地で自分自身と家族の安全を守らなくてはならないという思いと、困っている人を助けたいという思いのはざまで葛藤を経験した者も、ＪＩＴのメンバーのなかには少なくなかった。しかし、困難な状況に立ち向かい、困っている人を協力して助けあおう。それこそが「本来のジハード」であるとして、ＪＩＴはいわき市にターゲットを定め活動を展開していく。

三月二十八日のＪＩＴのブログには、次のように書かれている。

アッサラームアライクム　ワラハマトゥッラーヒ　ワバラカートゥフ[5]

義捐金などにご協力いただきありがとうございます。

三月二十七日に出発しました支援物資輸送第八便についてご報告いたします。

今回は、インスタントラーメン（四〇入）六〇箱、カップラーメン四箱、ジュース（二四入）七箱、オムツ（八〇入）二箱、お米一〇〇キログラム、タオル二箱、トイレットペーパー一箱、石鹼二箱、胃腸薬一箱、缶詰一箱、納豆九箱、インスタント味噌汁三

4　シャプラニールは 1972 年設立。南アジアを中心に貧困層の問題解決に取り組んでいる。東日本大震災直後から，福島県いわき市で支援活動をおこなっている。

5　このアラビア語の意味は「あなたに平安がありますように，そしてアッラーのご慈悲と祝福がありますように」である。

箱、紙皿一箱、レインコート（四入）一二箱、靴下一四袋、衣類三箱、下着一箱、エアマットレスなどを運びました。

今回は、福島の原子力発電所から四〇キロメートルほどにあり、物資不足が深刻な福島県いわき市の平競輪場へ届けました。こちらの選手宿舎には一〇〇〇人ほどの被災避難者がおり、また、いわき市の救援物資の拠点ともなっております。こちらに集められた物資は、自衛隊によって各避難所に配布されています。

（略）

被災した方々にアッラーの助けがありますように。

ご協力くださったみなさまにアッラーの報奨がありますように。

会長のアキール氏は六十代後半であるが、率先して四〇回近くいわき市にかよった。当初、被災地では宿泊施設を確保できなかったため、早朝出発して、深夜に東京に戻ることを繰り返した。自ら運転することもしばしばだったという。

ところで被災者は、ＪＩＴの活動に感謝しつつも、なぜパキスタン人が支援にきているのか不思議に思ったようで、アキール氏は「パキスタン人を助けるためにきているんですか」と繰り返し質問されたそうである。

違いますよと答えました。震災前、いわき市にいたパキスタン人は一六人だけです。

このうち家族連れの一〇人は帰国し、残った六人は私たちの活動に協力してくれました。人間はみんなアーダム（アダム。アッラーが最初に創造した人間）の子孫で平等です。そしてアッラーは、困っている人を助けなさい、そのための努力には十分に酬《むく》いてあげますよと約束しています。

五月になると、いわき市泉地区の「いわきマスジド」の協力をえることとなる。

避難所をまわった帰り道に、いわきマスジドの管理人のサビールさんに、たまたま出会いました。彼もパキスタン人なんですが、調理場もあるから、いわきマスジドを使っていいよといってくれたんです（アキール氏）。

当時、JITの活動にボランティアとして加わった日本人男性は、自身のブログに次のように記している（田川基成「あるくみるかく」五月二十八日）。

今回は五月二十一日から二十三日まで二泊三日の日程

◀いわき芸術文化交流館アリオスにおける炊き出し　2011年4月5日撮影。

▶いわき市立江名小学校で炊き出しをする永井ムハッマド・アリフィン氏（中央）　大きな余震のため，停電のなかでの作業となった。2011年4月11日撮影。

でボランティアに参加させてもらった。二十一日の朝東京を出発し、車に物資を積み込んで福島県いわき市の泉駅近くにある「いわきモスク」に向かった。（略）いわき市ではボランティアスタッフたちがこのいわきモスクに泊まり込んで毎日炊き出しをおこなっている。

現地には常時二名のスタッフが駐在し、東京から参加するメンバーも含めて三人〜八人ほどの体制で、毎日いわき市内の避難所にあたたかいごはんを届けている。この期間中に常駐していたのはパキスタン西部出身のムハンマド・イスマイールさんとインドのカルカッタ出身のライマットさん。

（略）

なぜボランティアにやってきたのかという僕の質問に対して、「これはイスラム教徒として当たり前のこと。困っている人に対して善いおこないをすればアッラーが喜んでくれる。みんながやっているので私も手伝いにきた」とムハンマド・イスマイールさんは語り、彼らは毎日淡々と仕事をこなしていた。

外国からやってきた人たちが、それもイスラム教徒が被災地で支援をおこなっていると聞いて、はじめはうまくいっているのか少し心配だった。しかし実際に避難所に行ってみると、彼らは被災者に積極的に声をかけ、優しく気を遣いながらおいしいカレーや焼そばを毎日配っていた。

ある被災者の女性は「頻繁に炊き出しにきてもらって本当に感謝している。カレーなど普段は食べられないものが出てくるのが嬉しい。これまで出されたものはなんでもおいしかった」と話してくれた。

ムスリムが核となりつつも、支援活動は、信徒ではない多くの日本人を巻き込んでおこなわれた。JITのメンバーがトルコのNGOによる救援に触発されたように、外国人のムスリムが被災地での支援を継続していることに触発された日本人もまた多かったのである。

七月になって避難所は徐々に閉鎖されていくが、市内の避難所に料理を届ける活動は、それまで毎日のように続けられた。その後は、仮設住宅への入居に際しての布団セットの寄贈、仮設住宅での炊き出し、さらに冬をむかえるとカイロの寄贈などといったかたちで、支援を継続した。十月十九日のJITのブログから抜粋して、仮設住宅での炊き出しのようすを紹介したい。

日時：十月十六日(日)十二時

場所：いわき市中央台仮設住宅

(略)

事前に湯本第二中学校の校長先生とボランティアの方々が、チラシなどで仮設住宅の方に炊き出しのことを周知してくださったので、私たちが会場のパオ広場に到着した時には、すでに多くの方が広場のテーブルに集まっていました。

急いで準備して配食し、一五〇人分があっという間になくなりました。（略）

前日のNHK朝のニュースで大塚モスクの支援活動が取り上げられたので、アキールさんに「テレビ見ましたよ！」とたくさん声がかかっていました。

「とてもおいしかったです」と笑顔で声をかけてくださる方もいました。

（略）

被災した方々にアッラーの助けがありますように。

ご協力くださったみなさまにアッラーの報奨がありますように。

JITのメンバーと日本人ボランティアが、いわき市内のボランティアとも連携しつつ、被災者とアットホームな雰囲気のなかで交流をしているようすがうかがえる。なお、文中のニュースとは、NHKニュース「おはよう日本」である（二〇一一年十月十五日放映）。モスクが怖いので近寄らないでいた、という女性が、アキール氏の呼びかけに賛同して支援活動に加わって一緒に支援に取り組んでみたら、想像とは違ってふつうの人たちだったというエピソードを中心に、ムスリムと周辺住民の交流を伝える内容であった。

二〇一一年の年末までに、ＪＩＴの避難所訪問は実に九七回を数えるにいたった。その後も、支援活動は断続的におこなわれている。

地域に根ざした活動

しかしながら、緊急救援を専門とする有給職員がいるわけでもないＪＩＴが、多くの資金と人手を要する支援活動を、どうやってこんなにも長く続けられたのだろうか。

まずここで、ＪＩＴの理念と活動方針を確認しておきたい。ＪＩＴはそのホームページにおいて、「これからの世界は人びととの交流を通して、平和を希求する時代である」と謳《うた》っている。アキール氏は、いわきでの活動を進めるにあたって、「人間はみなアーダムの子孫である」という言葉で、パキスタン人でありムスリムである自分と、日本人被災者との共通性を強調した。支援活動のベースには、「人はみな平等である」というイスラームの教えがあることがわかる。この点を、ＪＩＴのホームページ[6]はクルアーンやハディースの章句を掲げて強調している。

全人類よ、われらはあなた方男女の対を創造した。互いに知り合うためにあなた方を民族や部族とした。あなたがたのなかでアッラーのみ許《ゆるし》でもっとも貴いあつかいを受ける者はあなたがたのなかでもっとも(アッラーを)畏《おそ》れている者である。本当にア

6 http://www.islam.or.jp/about/charter/

ッラーは全知で（すべてに）通じておられるお方。

［アル・クルアーン　第四九章アーヤ一三］

アッラーの使徒（ラスールッラーヒ、サッラッラーフ・アライヒ・ワ・サッラム）はおっしゃられました。

「聴衆よ、あなたがたのラッブ（主）はひとつで、あなたがたの父はひとつである。アラブが非アラブに優れているとか、非アラブがアラブに優れているとか、赤が黒に優れているとか、黒が赤に優れているとかということはまったくない。あるとすれば、タクワー（畏怖の念）を除いてほかにない」と。

［別れの説教］

アキール氏によれば、実生活においては、①家族・親族関係、②隣人（コミュニティ）、③ムスリム（宗教）の三つの関係でつながっているとき、人と人との関係は、より強いものとなるという。これはそのとおりだろう。しかし、だからといって「人はみな平等である」という教えが単なる抽象的な理念にとどまるものではないことを、私たちは東日本大震災での支援活動から確認した。それまでの生活でなんらつながりがなくても、困っていれば助ける。そこに民族の壁はないというシンプルかつ明確な理念が、非常時において彼らの活動を促したのである。それは多くの日本人の共感を呼ぶものでもあった。

そして、この理念は、世界各地に暮すムスリムからの寄付という具体的なかたちにおいても表現されている。日本国内のみならず、「あそこなら、有効に使ってくれるはずだ」と、イスラーム圏各地からも寄付金がＪＩＴに送られた。

サウジアラビア、南アフリカ、香港、オーストラリアなどから個人の寄付がありました。私たちが支援しているパキスタンのスラムの学校で学ぶ子どもたちも、お金を集めて送ってくれました。イギリスのムスリム・エイドやアメリカのザカート財団といったムスリム系ＮＧＯからも寄付が届きました（ハルーン氏）。

東日本大震災の被災地におけるジハードを支えるために国内外から集まった寄付は、物資も含めておよそ四〇〇〇万円に達した。

一方、つねに信仰や教義に従う信者で集まっていると聞くと、日本人の側には「厳格」とか「閉鎖的」といった先入観で身構えてしまうところがある。これは人手の確保という点では、マイナスに働くようにも思える。前述のようにＪＩＴのメンバーには有給専従の職員はいない。つまり、仕事や家庭のことで普段はそれぞれ忙しい身である。また、活動の眼目には、入信者のケアや宗教教育が含まれている。これらの活動は、日本という非イスラーム圏の環境において、ムスリムが信仰を維持していくうえで重要であろう。支援活動は、仕事やＪＩＴのほかの活動をなんとかやりくりしつつ継続されたわけである。社会人が自らの身に照らして考えてみれば、これがそう簡単ではないことは容易に理解できる。

ＪＩＴの活動の持続力の鍵は、信仰に根ざしつつ、地域との交流を大切にしてきたことにある。まず、メンバーが、モスクでの礼拝につねに集うムスリムであることをもう一度確認したい。礼拝は日常生活の一部分となっており、活動拠点であるモスクに「わざわざ時間をつくって」出向いているわけではない。この点が、活動継続に有利に働くことは論を俟《ま》たない。その一方で、「閉鎖的」と敬遠されてしまう壁を乗りこえようと、モスク開設当初から、地元である大塚の夏祭りにカレー屋を出店するなどの交流を続けてきた。地域コミュニティにとけ込もうとする努力が、まずもってＪＩＴの地力となっているのである。

さらに、地域コミュニティを巻き込むかたちで、これまで一〇年以上にわたって、アフガニスタンへ古着を送る活動を続けてきた実績も評価されている。

九・一一の前の話ですが、アフガニスタンのヘラート地方がマイナス二〇度という寒さにおそわれ、着るものが足りないということを知りました。私は、そのとき現地を訪問し、状況を確認しました。そしてＪＩＴ理事会で報告して、支援を訴えたんです。そのほかにも、スマトラ島沖地震（二〇〇四年）の際はインドネシアへ人と物資を送って支援活動をしました（ハルーン氏）。

ＪＩＴ理事の永井ムハッマド・アリフィン氏が続ける。

アフガニスタンへの支援活動をとおしてできたネットワークがあったことが大きいですね。古着を集めだすと、大塚の商店街の人たちが協力してくれました。地域の外からも古着がたくさん届けられ、四階建ての大塚マスジドからあふれるくらいでした。今回もそのつながりで協力を申し出てくれた人がたくさんいました。近くのお寺さんとも連携しておにぎりをつくりました。ラマダーン月になると、モスクでは大勢の信者が一緒に断食明けの夕食をとります。ですから、ふだんから炊飯器がいくつもおいてあるんです。ここを使って、何千個というおにぎりを商店街の人たちと一緒に握り続け、ボランティアで運転手をやってくれる人がいて、物資を連日車で運び出していきました。さらに、大塚マスジドとはこれまで関係のなかった人たちも大勢手伝いにきてくれました。

これらの言葉からは、ＪＩＴのボランティア活動が、イスラームの信仰心に根ざしつつも、外に開かれていることがうかがえる。そして実際、メンバーはムスリムの礼拝の場であるモスクを、日本の地域コミュニティのなかで、社会的活動のハブとして活用している。このような活動実績でつちかわれたネットワークを介して、震災に際して人とお金が集まり、長期の支援活動を可能としたのである。

Column #01

キムセ・ヨク・ムの支援活動

東日本大震災に際して、ＩＨＨと同じくトルコから駆けつけたキムセ・ヨク・ム（この名称はトルコ語で「誰かいますか」という意味の捜索の際のかけ声）を紹介したい。このＮＧＯも、三月十三日には被災地にはいっている。災害の大きさを自分たちの目で確認すると、トルコ本国で支援キャンペーンを開始し、日本では在日トルコ人と支援チームを結成した。

キムセ・ヨク・ムは、トルコでイスラームの大きなうねりをつくり出しているギュレン運動の一環である。参加者の精神的拠り所でもあるギュレンその人も、「トルコで起きた災害に際して、見返りを求めることなく支援してくれた日本を、今度は私たちが支援しよう」と人々を鼓舞した。集められた義捐金は支援チームに託され、おもに物資配布やトルコ料理の炊き出しに充当された。支援物資は、三月二十日から仙台市、石巻市、気仙沼市、南三陸町の各地で配給された。仙台在住のトルコ人が自治体から情報をえながら、東京との連絡役を務めた。トラックと物資の調達には、名古屋や大阪のトルコ人の協力が大きかった。その後、三回の炊き出しを実施した。四月に山元町で二回、五月に亘理《わたり》町で一回である。温かいトルコ料理に、多くの被災者が喜びをかくしきれないようすであったという。

近年、このキムセ・ヨク・ムを含むギュレン運動は、ヒズメット運動と称しはじめている。思想家の個人名から、活動の本質をあらわす「奉仕」という言葉への変更である。キムセ・ヨク・ムの職員やボランティアたちの多くは、なぜ被災地に駆けつけるのかとの問いに、「すべては神のご満悦のため。それがえられるもっとも確実な方法の一つが、神が創造したもっともすばらしい存在である人類のために奉仕することだ」と答えている。

トルコ人の支援に対する日本人の反応は、異文化理解の観点からも興味深い。毎日新聞は、山元町での活動を記事にしている(二〇一一年四月二十七日朝刊)。そして、その動機を、一九九九年にトルコで起こった巨大地震の際に、日本が送った援助への恩返しとして紹介している。さらに遡って、一八九〇年の軍艦エルトゥールル号の遭難を始まりとして、トルコと日本の間に、相互支援の歴史があることも繰り返し語られてきた。読者にとっても「日本への恩返し」は、支援の説明として理解しやすいものだったはずである。イスラームにも「親切には親切で返しなさい」という教えがあるので、一概に日本人の理解がまちがっているというわけではない。しかしながら、それまで見ず知らずだった人と人が結びつくときに、人と神との関係がそのきっかけになりうるという発想は、日本人にはないものだろう。グローバル化における相互支援の時代にあって、災害・避難の現場で相互理解はどのようなプロセスをへて形成されるのか。今後、重要な研究課題になるだろう。

第2章　草の根のムスリムＮＧＯ

パキスタンへ

　福島県いわき市におけるＪＩＴの支援について調査を進めていくうちに、それに先行するＪＩＴのアフガン難民支援のことを知った。そして、この活動を一〇年以上にわたって継続する過程で、ＪＩＴがパキスタン国内のＮＧＯと連携し、ネットワークを形成してきたこともわかった。この国内外のイスラームのネットワークが、東日本大震災に際しての資金や物資調達の面で重要な役割をはたしたのである。

　ＪＩＴは、礼拝のためにモスクに集う信徒を核としているから、彼らとネットワークを形成するのは、やはりイスラームの信仰に根ざした、ボランタリー（自発的）な組織ということになる。今日、開発学・ＮＧＯ研究において、信仰に根ざしたＮＧＯ[1]に対して、あらためて注意が向けられている。日本に暮していると、宗教の社会的な役割を実感することは少ないかもしれない。しかし、アジアやアフリカにおいては、キリスト教をはじめとし

1　英語名称は，Faith Based Non-Governmental Organization である。
2　イスラミック・リリーフとムスリム・エイドは，イギリスに本拠をおく国際ＮＧＯである。

て、仏教やイスラームなどの宗教的指導者、制度がコミュニティ開発においてはたしてきた役割が再評価されている。欧米においても、キリスト教系のNGOが調達している資金額は、日本のNGOと比べると桁が二つほど大きい。イスラミック・リリーフやムスリム・エイド[2]、あるいはすでに紹介したIHHやキムセ・ヨク・ムなど、ムスリムNGOの活動の発展にもめざましいものがある。

歴史上、これらの宗教と、教育や医療制度の発達には密接な関係があったし、その関係は今日まで連綿と続いている。また、宗教者のリーダーシップは、地震などの非常時において、被災地では精神的な支えや慰めとなり、支援に向かう人々にとっては寄付やボランティア活動を奨励するものとして機能する。さらに教会やモスクといった宗教的なスペースは、物資の保管や配布においても、大きな役割をはたしうる。

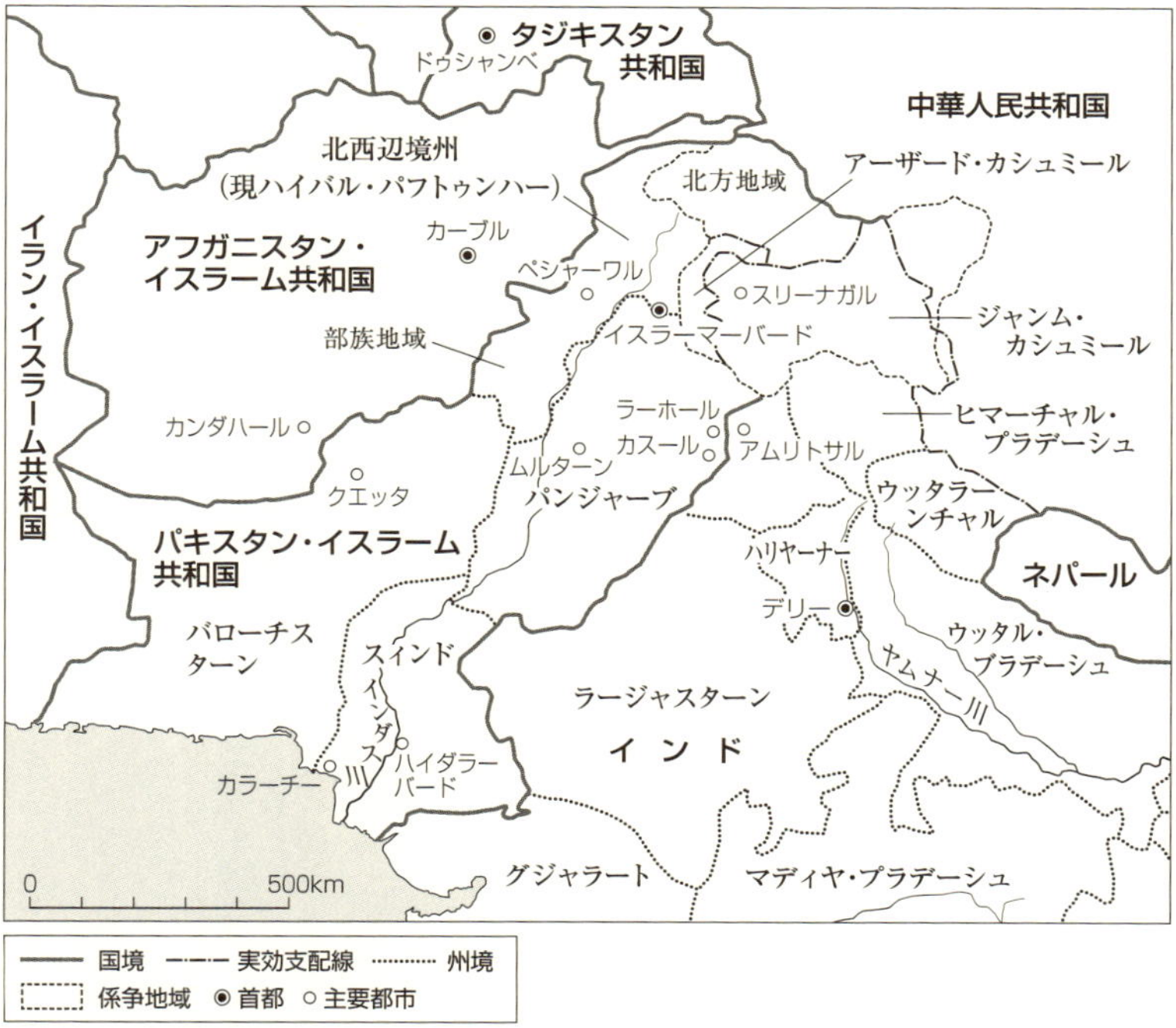

▲パキスタンとその周辺

ＪＩＴは新しい小規模の団体であるから、ここで紹介するのも草の根レベルで活動する小規模なＮＧＯが中心である。その活動内容は地味であり、しばしば資金不足にも悩まされている。しかし、そのような活動を一つ一つ拾っていくことで、新しい潮流を見出すことができるかもしれない。イスラームの信仰に根ざしたＮＧＯについてさらに知見を深めるため、この章ではパキスタンへと旅立つことにしたい。

ザキール・ラティーフ・トラスト

成田からラーワルピンディーにあるベーナズィール・ブットー国際空港へは、パキスタン航空の直行便で一一時間ほどかかる。パキスタンの首都イスラーマーバードに隣接するこの空港で、タンヴィール・シディキ氏が筆者を出迎えてくれた。第１章に登場したＪＩＴ会長のアキール氏の弟である。タンヴィール氏は、日本の建設会社から請け負う電気工事をおもな仕事とする会社を経営している。以前、日本の企業に勤務していたこともあり、日本人とのつきあいが長く、日本語も流暢《りゅうちょう》である。

お兄さんが、難民支援をやるんだけど、信用できる人間が必要だから、おまえにお願いしたいといってきたんですよ。私にはＮＧＯの経験がなかったんで、正直最初は、えっ、なんでという感じでした。でも、パキスタンでは家族のつながりがとても強いんです。お兄さんにお願いされたら断れないんですよ。

こうして設立されたのが、ザキール・ラティーフ・トラストである。団体名称は、二人の父親ザキールと、祖父ラティーフの名前を連ねたものである。パキスタンの小規模なNGOでは家族・親族のつながりを活用することが多い。縁故主義にも映るが、実際に信頼できる人間を探すのが難しいのだと、これまで何人ものパキスタン人が語るのを聞いてきた。お金をだましとられたり、場合によっては、自分たちが苦労して築き上げた組織を乗っ取られてしまったりするのではとの危惧《きぐ》をいだいているのである。

この点は、「人はみな平等である」という理念と矛盾するように感じられるかもしれない。地縁や血縁のない人々がおたがいに信頼し合ってこそ、市民によるボランティアやその専門化形態であるNGO活動も、よりさかんになっていくのではないのか。そのように問いを発するならば、たしかにそのとおりであろう。しかし、治安の面で、パキスタンでは思わしくない状況が長年続いている。残念ながら、爆弾事件や路上での無差別な射殺事件が身近に起こる社会となってしまった。そして、民族間や宗派間の対立が、これらの暴力の根底にあるといわれている。社会のあちこちに亀裂が生じ、人々はさまざまなかたちで分断されている。このような状況で、自分たちがつくり出した学校や病院を守り、さらに発展させていくための苦労は並大抵のものではない。近い親族や親友同士が結束して支

▶**スピンボルダック**(アフガニスタン)**の難民キャンプのようす**(2001年)

◀**難民キャンプに到着した支援物資**(2001年)　GIFT For AGHAN BROTHERS, JAPAN ISLAMIC TRUST, TOKYO JAPANの文字が見える。

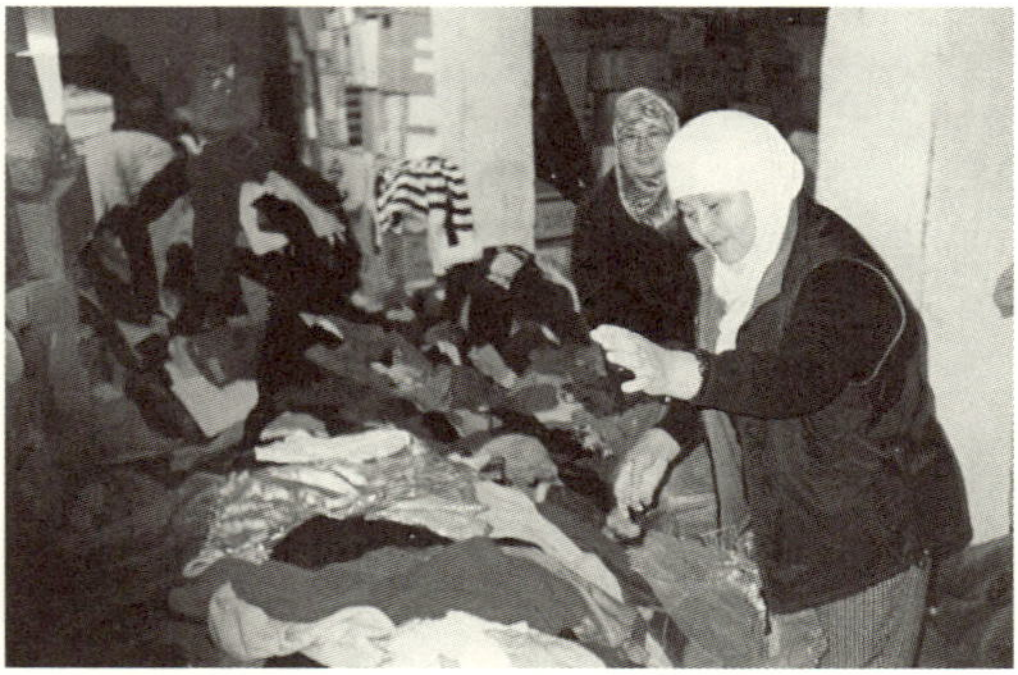

▶**日本から到着した古着を仕分けるジャミーラ高橋氏**(右手前, 2001年)

え合うのも、やむをえないのではないかというのが筆者の感想である。

ＪＩＴの場合、信用できる身内であるというだけでなく、客観的にもタンヴィール氏は適役だろう。イスラーマーバードに住みながら、毎日のように日本語を使って日本人と仕事をしているので、日本人に対する理解も対処能力もある。また、自分で会社を経営しているから、お金の計算にも慣れている。この活動のためにとくにオフィスを設ける必要もなく、自分の会社の一室で無給のボランティアとして作業をしている。

すでに述べたとおり、ＪＩＴの海外での活動は、アフガン難民のキャンプへ古着や毛布を送るというかたちで、一〇年以上にわたって継続されている。難民キャンプでは、医療品や食料の配布、給水もあわせておこなっているが、ザキール・ラティーフ・トラストはそのための人的資源をもっていない。そのため、後述するヒンマットやアル・ヒドマットと連携して、支援に取り組んでいる。

タンヴィール氏が、まずＪＩＴの支援先として紹介してくれたのも、アフガン難民の子どもたちのための学校であった。二〇〇〇年に設立されたペシャーワルのハリーマ・スクールである。ちなみにハリーマという学校名は、預言者ムハンマドの乳母の名前に由来する。ＪＩＴは、パキスタンの大手ＮＧＯであるアル・ヒドマットからの紹介で、二〇〇一年から資金を援助している。ペシャーワルには、同様の学校が二〇校ほどあるという。

パキスタンでは近年、電気やガスの事情が悪く、毎日何時間も停電している。ペシャーワルもその例にもれないが、さらに治安に大きな問題をかかえている。アフガニスタンとの国境に近いペシャーワルやその周辺では、とりわけ反アメリカ軍感情が強く、テロ事件も絶えない。アフガン難民の存在も不安定要因としてあげられる。このような状況では、学校を運営する者も、支援する者も心労が絶えないだろう。

九学年までであるハリーマ・スクールには、現在一〇〇名ほどの生徒が勉強している。生徒たちは明るくて快活であり、教室内の雰囲気がとても良いというのが第一印象であった。教師は一八名いる。課程は、アフガニスタンのシラバスに従って編成されており、生徒たちはダリ語とパシュトゥ語で学んでいる。もっとも多い時期には生徒数が三〇〇名に達していたが現在は資金難で活動を縮小している。以前は、一二学年(小学校から高校)まであり、教員も二五、六名いたそうである。

自身も難民として育ったメヘリア・カビール氏は、姉から校長職を受け継いで、この学校を運営しているが、彼女はつねにお金の工面に頭を悩ませている。毎月の経費は、およそ一〇万ルピーである(日本円でおよそ一〇万円になる)。このうち、九五%はJITからの援助であり、残り五%が授業料収入となっている。生徒一人当たりの授業料は、月額五〇～一〇〇ルピーとなっており、それに対して教師の月給は、二五〇

▲ペシャーワルのハリーマ・スクール　右から2番目が校長のメヘリア・カビール氏。

〇〜五〇〇〇ルピーである。ほかの同じような学校の月給は、一万〜一万六〇〇〇ルピーになるというから、きわめて低く設定されている。教師の給料を上げないと質の良い教師を雇うことができない。しかし、そのために授業料を上げると、学べない子どもがでてしまう。ここが悩ましいところである。

またJITは、つぎに紹介するヒンマットの協力をえながら、ペシャーワル郊外のシャムシャト難民キャンプにあるアル・イルム学校の創設と運営にもかかわっている。

ヒンマット

ヒンマットとは、ウルドゥー語で「勇気」を意味する。非営利のボランティア組織であり、「人類への奉仕」をミッションとして掲げている。[3]

この団体の特徴は、工具製作の町工場を経営する三人兄弟が中心となって運営している点にある。ラーホールのシャードバーグ地区には中小の工場が立地し、労働者が多く暮らしている。この地区では目の病気に悩まされる人が多かったことから、彼らの父親であるムハンマド・シャフィーク氏が無料の眼科診療所を一九七九年に創設した。ムハンマド眼科診療所である。興味深いのは、シャフィーク氏自身は医師ではないということである。筆者が彼にインタビューした際、自身のことを「ソーシャル・ワーカー」と紹介していたの

3　英語名称は，Humanity Relief & Rehabilitation Trust，略してHRRである。

が印象的である。地域のニーズを理解し、それにこたえるために眼科の診療所を開設したという。現在では一〇名をこえる医師をかかえるまでに成長した。医師たちは交代で、毎日何百人と訪れる患者の診察にあたっている。運営者は無給だが、医師は相応の給料で雇用されている。無給のボランティアベースでは長続きしないし、勝手に休んだりするので、医師には高額の給与を支払っているとの説明であった。

診療所の入り口には寄付の箱が設置されている。多少の金銭的な余裕と、払いたいという意思が患者にあれば、お金をこの箱にいれる。もちろんいれなくても良いので、患者が支払うお金だけでは、この活動は継続できない。実際には、多くの篤志家の寄付によって、活動は何十年も継続してきただけでなく、拡大している。近所では、現在の一〇倍の規模となる五階建ての眼科病院の建設が進められていた。建設資金は全額準備できているわけではないが、かならず寄付が集まる確信があるとのことであった。

シャフィーク氏の三人の息子たちは、父親の社会奉仕活動を眼科診療以外の分野へと拡大しようと、新たにヒンマットを結成した。その主要な活動は、ペシャーワルにおける学校運営、孤児に対する奨学金、緊急救援などである。このほか

▲ムハンマド・シャフィーク氏
ムハンマド眼科診療所にて撮影。

に、職業訓練センターの運営や犠牲祭(クルバニー)における貧者支援などがある。

この学校とは、さきにふれたアフガン難民のためのアル・イルム学校で、女子の小学校として二〇〇〇年に創立されている。生徒には制服や教科書、文房具などが支給されている。その後、学校は順調に規模を拡大し、二〇一三年一月現在はカレッジとして認可を受け、教員数一九名、生徒数は二九三名となっている。卒業生には、医療や教育分野に進んだ者もいる(医療七名、教職一八名)。

孤児に対する奨学金は、イスラーム系のNGOの定番プログラムである。預言者ムハンマド自身が孤児であり、またクルアーンやムハンマドの言行録であるハディースは、孤児に優しく接するよう説いている。このため、孤児への援助に特化したプログラムは、その団体のイスラーム性を明示するものであり、寄付も集まりやすい。犠牲祭に際しての貧者への援助も同様である。イブラーヒーム(アブラハム)は、神への

◀**アル・イルム学校**　ペシャーワル近郊のシャムシャト難民キャンプに，JITとヒンマットが協力して設立した。

▶**アル・イルム学校の教室内のようす**

帰依のあかしとして、息子を神へ生贄《いけにえ》として捧げようとした。神はその信仰を認め、息子のかわりにヒツジを屠《ほふ》らせた。これを記念する犠牲祭では、世界中のムスリムがヤギやヒツジなどの家畜を生贄として捧げる。屠られた家畜の肉の多くは貧しい人々に与えられることになっているから、多くのムスリムNGOがこれを貧者支援のプログラムとして取り入れている。

緊急救援に関しては、ヒンマットが総力を動員したカシュミール地震を例に説明したい。二〇〇五年十月八日に発生したマグニチュード七・六の大地震は、主としてアーザード・カシュミール(パキスタン側のカシュミール)と北西辺境州(現ハイバル・パフトゥンハー州)に甚大な被害をもたらした。パキスタンでの死者数は一〇万人に達したとされる。筆者は地震から二カ月後にカシュミールと北西辺境州をまわったが、被災地の広大さにまず圧倒された。パキスタンの北部に広がる丘陵部やインダス川流域の多くの渓谷にお

▶パキスタン北部バタグラム近郊の被災地

◀カシュミールのチカールの被災地

いて、質素なつくりの民家が壊れたり、傾いたりしていた。頑強であるべき役所や学校など公共の建物も、のきなみ崩壊していた。

災害発生直後、ヒンマットはラーホールの事務所を救援本部とし、コーディネーション、寄付、薬品、輸送、ボランティア、緊急救援などの担当委員会をつくった。寄付金で物資を購入し、ボランティアを募り、輸送手段を整えて、小麦粉や米・パンまた薬、衣料・マット・毛布・掛布団・テントなどのさまざまな物資を被災地に届けた。日頃の地域での貢献が認められていることの証左であろうが、実に多くの寄付がヒンマットに寄せられた。彼らが被災地に送り出した物資の総計は、一五〇〇トンにものぼった。これはトラック一二五台分にあたる。

ヒンマットは北西辺境州のマーンセーラーに現地本部をおき、被害の大きかったムザッファラーバードやアライなど数カ所にフィールドキャンプを設置した。一万五〇〇〇世帯に一カ月分の食料を支給し、七万七〇〇〇人の患者・負傷者に食事を提供した。加えて、カウンセリングなど心のケアの提供などもおこなっている。その後、ヒンマットは、大工道具や建築資材を提供し、被災者が自分の土地に、自力で新しい家を建てていくプログラムをおこなっている。この「自分の勇気で自分の家を」プログラムでは、被災者が自ら住居をつくることで、オーナーシップを取り戻していくのであるが、最終的には七〇〇世帯が住居をえることとなった。工具製作の町工場を経営する兄弟が立ち上げたNGOにふさわしいプログラムだといえるだろう。

ファラーヒードライン財団

この財団の創設者のムハンマド・トファイル・クレーシー氏は、JITのハルーン事務局長の父親である。三十五年間働いたガバメント・カレッジを定年退官した後、「私はこの国に多くを負っている」と、貧しい子どもたちのために学校をつくることを決意した。二〇〇〇年、ファラーヒードライン財団を創設し(ファラーヒードは、現世と来世における幸福という意味)、一三人の生徒を集めて学校を始めた。ハルーン氏は当時、父親と以下のような会話をしたことを憶えているという。

「今度、ラーホールでジハードをすることにした」。

「へえ、ジハードをするんですか。何をするんですか」。

「貧しい子どもたちのために、無料で勉強できる学校をつくる」。

「ジハード＝聖戦」というイメージを、私たちは強くもっている。さらに今日では、ジハードという言葉は、テロと重ね合わせられてもいる。しかし、ここでは「アッラーの道のために努力すること」という意味で、この言葉が用いられていることに注意したい。そして、故郷ラーホールにおける父親のジハードが、息子のいわき市におけるジハードに影響を与えたであろうこともまた想像に難くない。ちなみに、東日本大震災に際して、「パキスタンのスラムの学校で学ぶ子どもたちも、お金を集めて送ってくれました」とハルーン氏は語っていたが（第1章）、それはこの学校のことであった。

ファラーヒードライン財団のパンフレットは、次の一文で始まる。

　アッラーからの最初のメッセージは、教育の重要性、そして知識を記し広げていくうえでのペンの大切さを強調するものでした。

二〇〇九年、学校はより広い場所に移転し現在では三〇〇名（男女およそ半々）の生徒が学んでいる。期間三カ月の職業訓練コースも並置されており、二〇〜三〇名の女性が編み物などを習っている。

この学校の廊下で、イクラ（iqra）という標語を目にした。パキスタンの学校を訪れると、時折目にするもので、イスラームにおける教育の重要性を端的に示すものとして教室や廊下に掲げられている。アラビア語で「読め」という意味であり、神が預言者ムハンマドへ最初に与えたメッセージであるとされる。

▲ムハンマド・トファイル・クレーシー氏
ファラーヒードライン財団の創設者。

▲ファラーヒードライン財団の運営する学校の外観

カーウィシュ福祉財団

カーウィシュ福祉財団は二〇〇三年設立のNGOである。カーウィシュは、ウルドゥー語で「探求」を意味する。代表のアンマル・アフマド・タリーン氏はエンジニアであり、会社経営のかたわら、教育・社会開発の分野に乗り出した。初等・中等教育の普及を中心に、保健、マイクロ・ファイナンス（貧困層への少額の融資）、職業訓練、災害救援、コミュニティ開発などの分野で活動する。彼の会社もやはり日本の企業と常時仕事をしており、彼自身何度か来日して東京を訪れた際に、大塚モスクで礼拝をしたこともある。

この団体の活動の特徴は「ワンルーム学校」によくあらわれている（正式な名称は、ここでもまたイクラ・スクール〈iqra school〉である）。JITもこれを支援しているのだが、主としてモスクの空き部屋を利用し、貧困家庭の子どもたちに教育の機会を提供するものである。モスクでの教育というと、朝から晩まで宗教のことばかり、とくにクルアーンの暗記を

▶**ラーホールのモスク**（Jama-e-Shan-e-Islam）　このモスクは市民が設立したもので，社会活動にも意欲的に取り組んでいる。

◀**上の写真のモスクの一角を借りた「ワンルーム学校」のようす**

しているのではないかと想像するかもしれないが、そうではない。たしかに生徒たちはクルアーンの朗誦《ろうしょう》を勉強するし、イスラーム教育も重視されている。しかし、基本はパンジャーブ州の授業シラバスに従い、通常五年かかる課程を三年間で修了する。

現在、対象地域はラーホール、バハーワルナガル、そしてムルターンの三県である。その数は一〇〇をこえ、三〇〇〇名の生徒が学んでいる。教員数は六〇名である。ワンルーム方式では、入学希望の生徒が集まると、彼らだけを対象として三年間、開校する。先生を一人だけ雇用し、教室はさきに述べたようにモスクの一室があてられている。年次が終わっても、新入生ははいってこない。当初入学の生徒だけを対象とするので、一部屋と一人の教師ですむ仕組みとなっている(二つの「ワンルーム学校」を兼任する教師もいる)。平均三五名の生徒が学ぶ学校の経費は、月額一万ルピー(調査時の二〇一三年一月の為替レートでおよそ一万円)程度に抑えられており、オフィスや人件費にお金を無駄にかけないことが大事だとする。代表者自身もカーウィシュの運営には無給であたっており、また、来世で神から報奨を受けるには、そうでなければならないと説明していた。

そのホームページを見ると、カーウィシュがいくつもの企業や国内外のＮＧＯをパートナーとしていることがわかる。ＪＩＴもパートナーの一員として名前があがっているので、このリストからＪＩＴが間接的にさまざまな組織とつながっていることもみてとれる。東日本大震災に際して、ＪＩＴには国外からも多額の寄付がもたらされた。それらの寄付は、この章で取り上げたようなＪＩＴと直接関係のあるＮＧＯからの支援に加えて、間接的につながる団体との「ゆるやかなネットワーク」が発動することで、もたらされたものでもあったのだろう（カーウィシュ福祉財団に関しては、第5章も参照）。

アル・ヒドマット

ＪＩＴは、アフガン難民への支援をつうじて、アル・ヒドマットと関係をもつことになった。ヒドマットとは、「奉仕」を意味する。イスラームという言葉の意味は「神への帰依」であるから、このときの奉仕とは、第一義的には神への奉仕となる。そして、その具体的な表現が貧困層や被災者への支援というかたちをとることになる。

アル・ヒドマットの活動領域は、災害救援、コミュニティへの奉仕、保健、教育、囚人の福祉向上、孤児のケアなどと幅が広い。一九四七年のパキスタン分離独立時の混乱以来、活動をしてきたとするが、歴史はあまり判然とはしない。この団体自体は政治的活動をおこなうわけではないが、パキスタン有数のイスラーム政治団体であるジャマーアテ・イスラーミー（ＪＩ）から派生したＮＧＯである。アル・ヒドマットが全国的な組織として活発に活動しはじめたのは、カシュミール地震を契機とするようである。前述のカシュミール地震に際しては、各地で国内外のＮＧＯが支援活動に乗り出した。そして、緊急支援で存在感を示したことから、ＮＧＯという言葉がパキスタン社会にいっきょに広がる契機ともなった。

すでに述べたように、筆者は地震発生からおよそ二カ月後に、カシュミールを訪れている。とりわけ被害の大きかった町や村には、多くのＮＧＯが集っていた。その一方で、丘陵部に点在する村々には、ＮＧＯの姿はほとんどなかった。そんななかで「ジャマーアテ・イスラーミーはきた」という話を聞いたことを思い出す。彼らはまだ道路が開通していなかった被災直後に、救援物資を背負い、歩いてやってきたというのである。村々では、アル・ヒドマットのボランティア＝ＪＩという認識である。被災地域があまりにも広かったこともあり、これらの村々でのアル・ヒドマットの支援はかならずしも継続的ではなかったようである。しかし、崩れかけた山道を、重い荷物を背負って歩き続けるのは並大抵のことではない。同胞支援にかける彼らの情熱を垣間見た思いがした。

その後、アル・ヒドマットは、スワート地方における国内難民の発生（二〇〇九年）に際して活動を展開した。当時、ターリバーン支持勢力と政府軍の間で戦闘が拡大し、大量の国内難民が発生したのであった。

つづいて起きた大洪水においても、アル・ヒドマットはその存在感を発揮した。二〇一

○年七月、モンスーンがもたらした豪雨により、パキスタン全土の五分の一が浸水し、二〇〇〇万人が被災した。このとき、二万二〇〇〇人をこえるボランティアを動員し、一〇〇〇の救援キャンプと七〇〇の医療キャンプを設置したのである。

最後に、アル・ヒドマットのプログラム・マネージャー、ヤースィル・アルターフ氏の日本人観を紹介したい。二〇〇九年のパンジャーブ州での水処理プラント設立を嚆矢《こうし》に、アル・ヒドマットは日本大使館から開発資金の提供を受けてきた。洪水支援の際にも、多額の資金援助を受けている。そのような付き合いのなかでえられたものである。

> 日本人は、もちろん礼拝したり、信仰告白を唱えたりはしない。けれども、日本人の生活の原則は、イスラームに従っているように感じられる。勤勉であり、人をだましたりしない。そして、日本人は人を助けたときに、自分が助けた相手に対してお礼の言葉を述べる。

私たち日本人は「イスラームという宗教は、われわれから遠いところに位置している」と思いがちである。しかしムスリムの側では、イスラームの見地から日本人を高く評価していることがわかる。このような意見はし

▲2010年パキスタン大洪水の際の救援活動

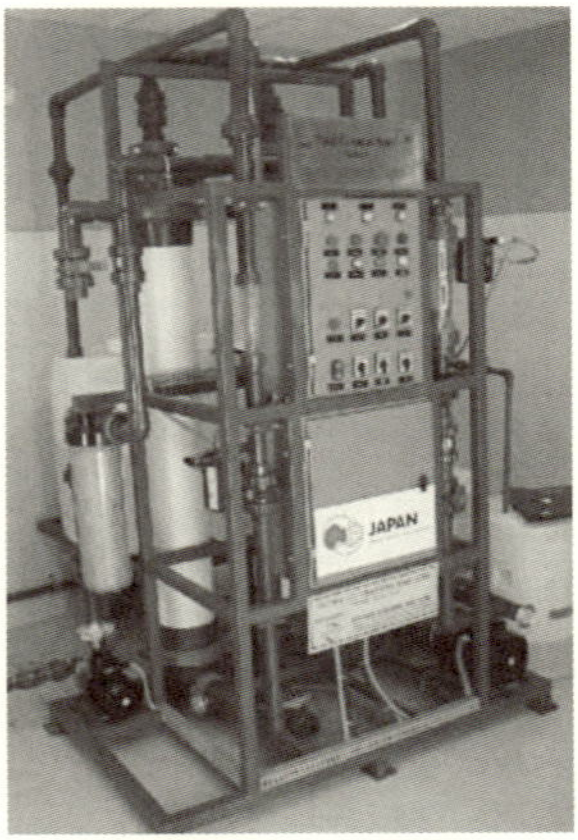

▲大洪水に際して日本大使館から寄贈された水の濾過装置

ばしば耳にするところなので、記しておきたい。

アル・ヒドマットは、ここまでに紹介したＮＧＯとは異なり、パキスタンの広範な地域で、無償で奉仕活動に励む多くのボランティア登録者を有し、地方において大きなボランティア動員力を有していることが強みである。つづく第３章では、歴史の長さや活動規模の点でもパキスタンを代表するＮＧＯの一つである、ハムダルド財団を取り上げることとしたい。

Column #02

モスクやマドラサのＮＧＯ化

ラーホールでＪＩＴの関係するムスリムＮＧＯのネットワークについて調べていくうちに、モスクやマドラサ（高等教育施設）との連携にも気付かされることとなった。単に宗教に熱心だからということではなく、新しく設立されたＮＧＯを物心両面からサポートし、協働する組織としてのモスクやマドラサである。もちろんこれらの宗教施設は、礼拝や宗教教育を主たる目的として設立されているわけだが、社会的な活動に意欲的なものも少なくない。ムスリムＮＧＯのネットワーキングの一環として意識的に調査を進めれば、私たちはイスラーム復興の進展に関して、より複合的な理解をえることができるだろう。そうした事例をいくつか紹介したい。

まず、ジャーミア・シャーネー・イスラーム（Jamia Shan-e-Islam）がある。カーウィシュ福祉財団がモスクの空きスペースを「ワンルーム学校」として活用していることを述べたが（四〇頁）、その連携先の一つである。このラーホールのモスクは市民が設立したもので、貧困層向けの診療所や学校を運営するなど、ＮＧＯ的な側面を強く有している。実際、パキスタンのＮＧＯが登録する場合に利用する法律の一つである「団体登録法」によって登記してもいる。

つぎに、ジャーミア・アシュラフィーヤ学院は、パキスタンが建国された一九四七年に設立されたマドラサである。男性のための学院はフェローズプール・ロードに、女性のための学院は、モデル・タウンに位置している。クルアーンとスンナについての研鑽《けんさん》を積む第一級の学院と自負するだけあって、その施設は充実したものである。さらに、コンピュータのラボや英語をはじめとする語学教育にも力をいれている。これら学院運営に要する経費は、自発的な寄付によってまかなわれている。このマドラサは、二〇〇五年に福祉財団を設立し、医療や教育、そして社会福祉の分野での活動に乗り出している。実際、筆者がインタビューの際に、「ムスリムNGOの調査をしています」と紹介したところ、「それは、まさしく私たちのことですね」との答えが返ってきた。それは単にマドラサが市民の寄付に支えられた自発的な組織であるということを、NGOとして読み替えたものではない。宗教教育を核としつつ、社会開発の分野への積極的な進出を表明するものなのである。

▲ジャーミア・アシュラフィーヤ学院（ラーホール）

第3章　ハムダルド財団

ハムダルドの概要

第2章では、主として新しく小規模なＮＧＯの活動を紹介した。しかし、最後に紹介したアル・ヒドマットが、その活動の開始時期を分離独立におくように、パキスタンにおけるＮＧＯの歴史は決して短いわけではない。少なくとも、現在に直接つながるかたちでＮＧＯが活動を始める契機となったのは、ソ連によるアフガニスタン侵攻（一九七九年）である。戦闘で故郷を追われた大量のアフガン難民がパキスタンに押し寄せると、その支援のため、数多くの国際ＮＧＯが豊富な資金とともに、アフガン国境付近で活動を開始した。ただし、当時は、パキスタン人による自主的な関与は今と比べると少なかったようである。

ソ連によるアフガニスタン侵攻は、反共産主義の防波堤となったパキスタンに、西側からの多額の経済援助をもたらした。そして、この資金を利用して社会開発の充実をはかったのが、当時のズィヤー・ウル・ハック政権である。実際には、国会議員や州議会議員が、それぞれの選挙区に開発資金をばらまくこととなった。この文脈で、開発資金の受け皿として数多くのNGOが組織された。パキスタンのNGOは、活動資金の多くを外部に依存しているが、その体質の醸成《じょうせい》をここに認めることができるだろう。しかし、本章で紹介するハムダルド財団の起源はさらに古く、二十世紀初頭に遡る。インド・パキスタンの分離独立が一九四七年であるから、その何十年も前から活動を続けていたことになる。

ハムダルドとは、ウルドゥー語で「痛みを分かちあうこと、同情」を意味する。このNGOの最大の特徴は、自己財源で活動する点にある。すなわち、ハムダルド製薬がユーナーニー（イスラームの伝統医学）の薬を製造・販売して利益を生み出す。そして、この利益をワクフ財源として、ハムダルド財団が医療・教育・文化の諸分野で活動を展開する。これが基本的な仕組みである。

インドやパキスタンでハムダルドといえば、多くの人が「ルーフ・アフザ」を思い浮かべるだろう。かなりきつい赤色をした、どろどろのシロップであるが、水でうすめて飲むと、さわやかな口当たりでバラの香りがただよう。この飲料自体は薬ではないが、リンゴ、ブドウ、ニンジン、コリアンダー、ビャクダンなどの果物やスパイス、ハーブを調合している。南アジアでは広く愛飲されており、ハムダルド財団を支えるロングセラー商品となっている。

◀ルーフ・アフザの広告看板　デリーにあるハムダルド財団内の薬局にて撮影。

ハムダルドそのものについて記述を進める前に、ワクフとユーナーニーについて説明する必要があるだろう。ワクフは「永続するサダカ」とも表現される。サダカとは「自発的な喜捨」を指す(これに対して、ムスリムがおこなうべき五つの宗教的責務の一つとして確立された喜捨は、ザカートと呼ばれる)。前近代のイスラーム圏において、もっとも広く行きわたった善行——財産寄進制度——として発達し、社会経済的にも大きな影響力を有していた。

ワクフの事例として有名なのは、大モスクに付属する複合施設であるイマーレット(救貧所、給食所)を数多く建設した、オスマン朝のスルタンであろう。また、政治的な支配者ばかりでなく、ワクフにもとづく寄進は、社会の広い層によって担われていた。社会史の観点からの研究によれば、預言者ムハンマドの時代から二〇〇年をへて九世紀にはいると、軍人、官僚、ウラマー(宗教学者)、商人たちの手による多くのワクフをイスラーム世界の各地で確認できるようになる。

ワクフ制度では、ある人物が発起し、モスク・学校・墓・孤児院などの施設を建設する。水場を設置したり、旅人への宿を提供するなど、ワクフではさまざまな社会的な機能を担う施設が建設・運営の対象となっていた。発起人はまた、自らの土地や店舗などの所有権を放棄する。そして、そこからえられる賃貸料収入を財源として、さきの公共施設の維持・運営に充当する。ただし、所有権を放棄するといっても、まったく無関係となるわけではない。それどころか、自ら寄進した財産(ワクフ財源)の管理者となることで、もとの資産から収益をあげることもできた。私財の保持にも、ワクフはおおいに活用されたわけである。このような両義性をもちながらも、ワクフを通して、多様な階層の人々が個人の意志にもとづいてまちづくりに参画したことの意義は大きい。「永続するサダカ」と表現される恒久性をワクフは有していたから、教育、医療、福祉といったさまざまな分野において人々はその恩恵に浴することとなった。

一方、ユーナーニーとは「ギリシアの」という意味であり、イスラーム圏の伝統医学を指している。ギリシア起源の知的遺産——これには医学も含まれる——はイスラーム圏に流入し、その後の文明隆盛の基礎となった。例えば、ペルシアで活躍した哲学者・医学者イブン・スィーナー(九八〇〜一〇三七)の著した『医学典範』は、イスラーム圏ばかりでなく、中世ヨーロッパの大学でも長く教科書として使われた。

南アジアでは十六世紀、ムガル朝の時代にはいってから、ユーナーニーが大きく発展し、ハキームの称号で知られる薬剤師・医師が活躍した。インドには、やはり伝統医学であるアーユルヴェーダが存在したことも、ユーナーニーに対して大きな刺激となった。この時点で、ユーナーニーの中心地は南アジアに移るのであるが、その後、ムガル朝の瓦解のため状況は大きく変化していく。イギリスの植民地となったインドでは、西洋医学がその優越性を主張するようになり、ユーナーニーは民間療法の域をでないものとして蔑視《べっし》された。西洋医学と対等な地位を獲得するために、紆余曲折《うよきょくせつ》をへながら、ユーナーニーは近代化の道を歩んできた。

ハムダルド財団はユーナーニーの製薬会社であるハムダルド製薬をワクフ財源とし、外部資金に頼らず活動を展開する。ムスリムNGOを考えるうえで、ハムダルド財団のもつこの二重のイスラーム性はきわめて示唆に富んでいる。その活動は、貧困地区での医療奉仕といった草の根レベルから、総合大学の建設、医学やイスラーム学関係の学術雑誌や書籍の編集・発行、ユーナーニーに関する国際会議の開催まで多岐にわたる。まずはその歴史を概観してみたい。

ハムダルド財団の歴史

ハムダルド財団の歴史は、一九〇六年に遡る。この年、アブドゥル・マジード(一八八三〜一九二二)という人物がデリーにハムダルド薬局を開業した。彼はユーナーニーを家業という狭い領域から解放し、標準化・近代化して「万人への同情と痛みの分かちあい＝ハムダルド」という理想をめざした。息子のムハンマド・サイード(一九二〇〜九八)が両親について書いた文章などから、その人物像を探ってみよう。

両親は、衣食住の何事においても質素倹約を旨として暮していました。この生活スタイルは、預言者ムハンマドの教えに従ったものです。父アブドゥル・マジードは、商売と宗教的な献身の両方にその時間を分けて使っていました。夜になると、修道場で神への祈りに打ち込んでいました。母もまた、神の意志と預言者の教えに従う生活をめざしていました。毎年、我が家では、聖者アブドゥル・カーディル・ジーラニーの命日に、三〇頭ものヤギを屠《ほふ》り、その肉を何百人という貧者にほどこしていました。

質素と博愛を旨とするイスラーム神秘主義への傾倒、神への愛を謳《うた》う聖者への崇敬が色濃い家庭環境だったことがわかる。一方で、ムハンマド・サイードによれば、彼の一族は代々さまざまな商売にたずさわり、部分的には薬草もあつかったが、ハキームの家系ではなかった。本格的なユーナーニーとの関わりは、アブドゥル・マジードの代からであった。どのような経緯で、外部からの参入者が、ユーナーニーとワクフの再興に着手することになったのだろうか。

アブドゥル・マジードに大きなインスピレーションを与えたのは、同時代のアジュマル・ハーン(一八六三〜一九二八)である。彼は代々ムガル朝に医師として仕えた家系に生まれた。十九世紀後半になると、ユーナーニーを近代的に再編成しようとする動きが登場

◀アジュマル・ハーンの銅像(デリー)

するが、そのリーダーとして活躍した名ハキームである。一九一〇年には、アーユルヴェーダの医師にも呼びかけて、協議会[1]を立ち上げている。アーユルヴェーダを実践するのは、基本的にヒンドゥー教徒であるから、この協議会は宗教間の協力をめざしてもいた。

アジュマル・ハーンの一族はヒンドゥスターニー製薬を創業するとともに、その利益をワクフ財源としてユーナーニーの教育機関を支える試みにも着手した。当時、この会社は成功をおさめられなかったが、教育機関は今日、医学系のカレッジ[2]としてデリー大学の一翼を形成している。アブドゥル・マジードは、ハムダルド薬局を創業する前に、ヒンドゥスターニー製薬で働いていた。彼がアジュマル・ハーンと直接議論する機会はなかったようだが、ここで多くの知識と経験をえたものと推察される。

このようにハムダルドは、インドの独立運動期に源流を遡る、ムスリムの文化・社会運動の一環として位置づけられる。実際、アジュマル・ハーンとハムダルドの関わりは理念的なものにとどまらない。アブドゥル・マジードの二人の息子、アブドゥル・ハミード(一九〇八〜九九)とムハンマド・サイードがユーナーニーを本格的に学んだのは、さきにあげたアジュマル・ハーン創設のカレッジであった。さらに兄のアブドゥル・ハミードは、アジュマル・ハーンが立ち上げた協議会をインドの独立後、長年にわたって牽引した(アーユルヴェーダの医師たちが脱退した後、改称している[3])。

1 英語名称は，All-India Vedic and Unani Tibbi Conference である。

2 英語名称は，Ayurvedic & Unani Tibbia College である。

3 改称して，All-India Unani Tibbi Conference となった。

一九二二年、アブドゥル・マジードは志なかばにしてこの世を去ったが、その遺志はその妻と二人の息子によって受け継がれた。苦労のすえ、彼らは小さな薬局をハムダルド製薬へと発展させ、その経営を確立する。そして一九四八年、アブドゥル・マジードの遺志を実現させ、ハムダルド製薬をワクフと宣言した。アジュマル・ハーンの描いた青写真もまた、ここに現実のものとなった。

ムハンマド・サイード

このワクフ化と前後して、次男のムハンマド・サイードは、インドから新国家パキスタンへとわたった。幼少時に父を亡くしたムハンマド・サイードは、長兄のアブドゥル・ハミードを敬愛していた。その兄をインドに残し、未知の土地へと移り住むという、実に大きな決断であった。「清浄なる国パキスタン」に託された夢と希望は、当時それほど大きなものだった。

ムハンマド・サイードは、新首都カラーチーに小さな店舗をかまえ、ほぼ裸一貫でユーナーニーの仕事を開始した。当初、大変な苦労をかさねるが、パキスタンでもハムダルドは成功をおさめる。はやくも一九五三年にはハムダルド製薬パキスタンをワクフとした。このとき、ムハンマド・サイードは、利益の七五%をワクフ財源に充当すると宣言してい

◀若き日のムハンマド・サイード(右)と兄のアブドゥル・ハミード　この写真は，ハムダルド大学(カラーチー)内の資料室に掲示してある。

る(その後一九八三年には、会社の純益のすべてを公共の福祉に役立てると、ワクフ文書を改訂している)。

当初、ハムダルドの社会貢献事業では、個人と企業の境界が曖昧《あいまい》だったようであるが、やがて事業内容と財政の両面から、個人の手には負えない規模に拡大する。一九六四年、インドとパキスタンの双方においてハムダルド財団が設立される。ハムダルド製薬のもたらす収益を「財源」とし、それを基金としてハムダルド財団が計画的に事業を展開していくことが可能となったのである。

以下は、ムハンマド・サイードが、ワクフ設定から四半世紀の間に作り上げた組織と活動内容である。設立二十五周年時の資料[4]から見ていきたい。

まず、ハムダルド財団の目的であるが、「ハムダルド製薬からのワクフ資金を活用した慈善活動」、すなわちパキスタンの市民を対象として、知識と教育の向上、貧困の緩和、弱者支援に従事することを謳っている。この目的は、東洋医学の発展をとおしてめざされることになる。ここでいう東洋医学とは、漢方やアーユルヴェーダを含む広い概念であり、ユーナーニーもその一分野と位置付けられている。東洋医学促進協会(一九五六年設立)、東洋医学アカデミー(一九五八年)、東洋医学調査研究所(一九六六年)、パキスタン東洋医学協会(一九七五年)などの組織が次々に立ち上げられていった。実際に調査研究の対象と

4 *Hamdard Foundation Pakistan: Twenty-Five Years of Service 1954–1979.* n.d.

なり、また医学として実践されているのはユーナーニーが主体であり、東洋医学とユーナーニーはほぼ同義語として使われている。しかし、さまざまな伝統医学の長所を摂取する姿勢を表明し、イスラームだけを排他的に取り上げているわけではない点を、確認しておきたい。このほか、人文科学の面ではパキスタン歴史学協会を設立している。

一九六一年に開始され、国内各地で活発におこなわれたのが「ハムダルドの夕べ」と称された活動である。この活動は、建国時の熱気が冷め、パキスタンへの幻滅が広がる状況において、国民の知的活性化をめざしたものであった。カラーチー、ラーホール、ラーワルピンディー、さらには東パキスタンのダカにおいても開催された。さきの報告書からは、約二〇年間にわたって、宗教、人文社会、科学、時事問題に関するさまざまな話題を、五〇〇名をこえる報告者が提供したことがわかる。

ムハンマド・サイードは、ユーナーニーの地位向上のため、世界各地での国際会議に精力的に出席した。パキスタンでの国際会議や大型のセミナー開催にも熱心だった。[5] 日本のNGOとも交流をもち、とりわけＡＭＤＡ(The Association of Medical Doctors of Asia. 本部は岡山市。設立時の名称は、アジア医師連絡協議会)とのつながりが深かった。ハムダルドとＡＭＤＡは、現在も組織として協力関係を維持している。

出版分野にも、ハムダルド財団は力をいれている。児童雑誌や子ども向けの読み物を発

5　主要会議のテーマは以下のとおりである。「イブン・ハイサム生誕1000年記念」(1969年。ハイサムは視学の分野で活躍したアラブの学者)や「ビールーニー生誕1000年記念」(1973年。ビールーニーは天文学・数学・地理学など広範な分野で活躍したペルシアの学者)からは，イスラーム文明の継承という観点をみてとれる。「数理科学」(1975年)，「科学哲学」(1979年)，「生物学と遺伝学——科学と倫理の諸問題」(1979年)からは，現代科学の進歩を吸収するとともに，批判的な問題意識を保持しようとする姿勢がうかがえる。イスラーム学に関連するものとしては「スィーラ」(1976年。預言者ムハンマドの伝記)がある。

行するとともに、医学や健康分野、イスラーム学の雑誌を定期的に刊行している。一九三一年にデリーで刊行が始まったウルドゥー語の健康雑誌[6]はパキスタンでも継続して出版された。英文での学術雑誌刊行も、[7]一九七〇年代後半から開始した。
医療面では、大学病院を拠点とする活動を展開している。一九六三年にカラーチーで始まった無料の巡回医療サービスは、現在、パキスタンの主要都市に広がっている。

ワクフ再興と学園都市の建設

一九八八年、ハムダルドは本拠地カラーチーでワクフに関する国際会議[8]を開催した。この機会に、ムハンマド・サイードは信仰が人間の思考と行動に与えた大きな影響を強調して、次のように述べている。

信仰とは、全能のアッラーがお喜びになることの探究であります。人は高貴なおこないによって、神から恩恵を授けられるのです。神の道のために役立つお金の使いみちとして、ワクフは最善のものです。その報奨は、現世と来世にわたり、アッラーの祝福は復活の日にいたるまで続くのです(Said n.d.)。

ここでも、本書において繰り返し登場する「善行とそれに対する神からの報奨」という価値観を再確認することができる。ワクフを活用して進められたハムダルドの医療・教

6 雑誌名は*Hamdard-i-Sehat*である。
7 *Hamdard Medicus*(1976年), *Hamdard Islamicus*(1978年)を刊行している。
8 この会議の名称は, International Seminar on The Place of Waqf in Islamである。
9 ハムダルドでは, Bait al-Hikmahと表記している。

育・文化的な活動は、その後、学園都市の建設として結実する。カラーチー郊外の広大な敷地に、ハムダルド大学や医学カレッジ、病院、薬草を栽培する農園、近隣農村の子どもたちを無料で教育する小学校などが配置されている。中核となる医学部・薬学部では、近代的なイスラーム医学の発展を担うべき若い男女の学生が医師や薬剤師をめざして学んでいる。また、ユーナーニーの発展には、つねに新しい知識の吸収が必要であるとの認識から、学生や教官を留学させている。おもな留学先は日本、ドイツ、アメリカ、カナダなどである。

この学園都市の図書館は「知恵の館」[9]と呼ばれている。名称の由来となった「知恵の館」とは、アッバース朝第七代カリフ、マアムーン（在位八一三〜八三三）によってバグダードに設立された学術研究所である。ギリシアの哲学・科学文献の収集・研究とそのアラビア語への翻訳を主たる目的とし、図書館と天文台が付置されていた。現代において、イスラーム文明を再興しようとする彼らの気概が伝わってくる命名である。

▲**パキスタンのハムダルドを牽引するサディア・ラシード氏**　ムハンマド・サイード氏の一人娘である。

▲**広大なハムダルド大学のキャンパス**（カラーチー）　後方に見えるのが図書館「知恵の館」。

家族の重要性

現在のハムダルドはきわめて規模の大きな組織となっている。財団の職員だけでも一〇〇名をこえ、製薬会社で働く社員は一〇〇〇名以上になる。大学の教職員は六〇〇名、学生数は五〇〇〇名を数える。しかしながら、このように規模が拡大しても、その中核を支えているのはムハンマド・サイードの家族である。インドでもハムダルドは大きく発展し、パキスタンと同様の活動を展開しているが、事情は変わらない。

パキスタンのハムダルドでは、一九九八年のムハンマド・サイードの死後、一人娘のサディア・ラシード氏が製薬会社と財団のトップを兼任している。そして、彼女の娘たち(息子はいない)が後を継ぐことが、ワクフ文書で確認されている。創設者の意思をいちばんよく理解し、実践していくのは家族であるという価値観をここに、認めることができる。

この点について、社会経済史の観点から、一九三〇年代のイランで設定されたワクフ(図書館と病院)に関して、次のような指摘がある。[10] 公共善を志向するワクフを設定しながら、他方でその監査権を末永く子どもや血縁者に残そうとしたのは、一部の子孫のために多少の所得を確保しようとする配慮からだけではなかった。時の経過とともに、ワクフの諸原則が放棄され、私物化されてしまう事例が数多くあったからである。そのためワクフの設定者にとっては、他人に任せるよりも自分の子どもや血縁者に続けさせるほうが、は

10 深沢宏「近代イランのワクフ(寄進財)——公共善と血縁集団」『一橋論叢』78-3, 1977年。

るかに安心のゆくことであった。そして、これによってワクフの恒久化を願っているのである。

ハムダルドはワクフの現代的再生に取り組んできたが、この点では伝統を受け継いでいる。日本人の感覚からすれば、NGOという新たな公共を担うべき組織が、世襲スタイルをとることには違和感があるかもしれない。しかし、パキスタンでの反応は、かならずしも否定的なものばかりではない。「ワクフを自分の利益のために利用する人間は大勢いる。家族が創設者の意志を継いで、組織を守っていくのは大事なことだ」という意見も耳にするところである。前にも記したことだが、治安状況の悪化が、この家族重視の価値観を強めている。パキスタンにおけるユーナーニーとワクフの再生に尽力したムハンマド・サイードの人生も、自宅前での銃殺という悲劇によって幕を閉じている(例によって、誰がどのような目的で彼を殺したのかは不明である)。

暗殺によって、突然に家族の一員が後継者に指名されたわけではなく、そのこと自体は以前から既定路線となっていた。しかし、シャヒード(殉教者)となったムハンマド・サイードの一族にとって、彼の意志を受け継いでの事業推進が、よりいっそうの責任感をともなうものとなったことはまちがいないだろう。

第４章　イスラームとＮＧＯの関係

ムスリムの価値観

第１章から第３章まで、ムスリムＮＧＯのもつ価値観とその活動内容について具体的に記述してきた。ＪＩＴを最初に紹介したのは、それが遠い地域の話に限定されるわけではなく、私たちの身近なところでも展開していることを強調したかったからである。

また本書では、おもにパキスタンをケース・スタディとしているが、当然のことながら、ムスリムＮＧＯの活動はパキスタンに限定されているわけではない。ここ数年、筆者はＮＩＨＵプログラム・イスラーム地域研究の一環として、イスラーム的な価値観に根ざしたＮＧＯ活動の共同研究を進めてきた。そこでは、インドネシア（環境問題）、イラン（高齢者介護）、トルコ（ジェンダー、宗教間対話）、ヨルダン（結婚式のアレンジ）など、さまざまな分野で活動するＮＧＯの事例を共同で研究している。事例研究を積み重ねることで、イスラーム的な価値観に根ざしたＮＧＯが、広い地域で多様な活動に従事していることが見えてきている。女性問題に関してシンクタンク的な役割をはたすものから、地域コミュニティにおけるゴミ問題への取り組みまで、世界のさまざまな地域においてムスリムＮＧＯの活力を確認することができる。

さらに事例を紹介していく前に、本章では、ムスリムＮＧＯに関する議論の枠組みを提示することとしたい。まずイスラーム的な教義や価値観の特徴をもう一度整理して示し、つぎにこれが今日的なＮＧＯといかに積極的にまじわっていくのかを説明する。

イスラームというアラビア語の意味は「神（アッラー）へ帰依すること、服従すること」である。神は唯一絶対かつ全能であり、世界の創造主である。「慈悲あまねく慈愛深き」存在であると聖典クルアーンにあるが、啓示に対する信・不信を厳しく問う「最後の審《さば》きの日の主宰者」でもある［一章四節］。終末のとき、すべての人が神の裁きを受け、楽園か火獄に行くことになる。これは、イスラームの信仰のなかでも、もっとも基本的な教義である。換言すれば、イスラームとは、神に自らをゆだね、「楽園（天国）に行けますように」と、ひたすら神頼みする宗教だといえる。神頼みは日本人もするだろうが、私たちはどんなことをお願いしているだろうか。初詣を想起すれば、それが一年の無病息災、商売繁盛、結婚、試験の合格など、現世利益に偏っていることが理解できる。ムスリムにとっても、もちろん現世での利益は大事である。「病気が治りますように」「子どもが授かりますように」と、私たちと同じようなお願いもしている。しかし、初詣で「天国に行けますように」と願をかけ、お賽銭《さいせん》を投げている日本人はまずいないだろう。この点は大きな違いである。

では、楽園に導かれるために、ムスリムは現世でどのような行為をなす必要があるのだろうか。クルアーンには次のようにある。

われは信仰して、善行に勤しむ者には、いろいろの罪を取り消し、そのおこなった最善のことに、かならず報いるであろう。［二九章七節］

本当に信仰して善行に励み、礼拝の務めを守り、定めの喜捨をなす者は、主の報奨を与えられ、恐れもなく憂いもない。［二章二七七節］

ここで注目したいのは、礼拝と並んで、神が喜捨（ザカート）を奨励している点である。喜捨は、貧者や困窮者、そしてアッラーの道のために努力する者などに分配するために徴収される。その原意は「浄化」と「増加」である。この世で財産の一部を神に差し出すことによって罪を浄化し、来世での報酬を増加させるという意味である。神に差し出しているのだから、喜捨を出す者は自らが神に感謝することはあっても、受け取る側に対して、感謝を強要してはならないともされる。

「一日五回の礼拝」を、イスラームを特徴づけるものとして私たちは知っているわけだが、その礼拝と並んで「貧しい人や困っている人、宗教的な目的のために寄付をしなさい。その努力には十分に酬《むく》いてあげます」とのメッセージが神から与えられていることを確認したい。

またイスラームを特徴づけるもう一つの行為として、「断食」がある。ラマダーン月になると、毎日暁《あかつき》から日没まで飲食を絶たなくてはならない。とりわけ夏の暑い時期には、なかなか難儀な行である。夕方になり断食が解かれると、ムスリムは空っぽの胃にいきなり大量の食べ物をほうり込むのではなく、まずはスナックやジュースで軽く慣らす。そのさいに好まれるのが、ナツメヤシ(ドライフルーツ)である。預言者ムハンマドも、ナツメヤシで断食を解いたと伝えられているが、彼の言行録であるハディースには「業火から身を守りなさい。たとえナツメヤシの実の半分によってでも」とある。他人に一粒のナツメヤシの半分をあげるというささやかな善行でも神は認め、火獄の炎で焼かれることから守ってくれるというのである。自ら食を絶つラマダーン月には「お腹をすかせている人の気持ちがわかる」のであり、経済的に厳しい立場にある同胞への同情が高まるといわれる。実際、多くのムスリムがラマダーン月に喜捨をしている。

整理すれば、ムスリムがなすべき宗教的責務である五行に喜捨が含まれており、現世において、社会的な弱者を助けるべしと明確に規範化されている。日本にも「情けは人の為ならず、めぐりめぐって己が為」という諺《ことわざ》があるが、神が責務として「人助けは善行であるから一生懸命にやりなさい」と信者に命じている。そして、「己が為」の究極のかたちが楽園入りを許されるということになる。

第1章で見たJITのブログを読み返していただきたい（一四頁）。文末に「ご協力くださったみなさまにアッラーの報奨がありますように」という文言がそえられている。イスラームでは善行と報奨が一つのパッケージになっており、NGOやボランティアの活動理念としても、しばしばキーコンセプトとなっている。

このようにいうと、もしかしたら、私欲のために善行に励むかのように受け止める読者がいるかもしれない。実際には、弱い人のため、困っている人のためにと働くムスリムの多くは、かならずしも自らの天国行きを念頭において行動しているわけではない。この点についてたずねると、むしろ「困っている人を助けるのは当然だ」「助けを必要とする人に無私の心で奉仕する」といった考えを表明する人が多い。ここで筆者が強調したいのは、貧しい人、困っている人を助けることが宗教的な善行として、広く社会において共有されており、そしてこれが自明のこととして、ムスリムの価値観に深く染み込んでいるということである。もちろん、そのような文化があるからといって、すべてのムスリムが一律の行動パターンを示すわけではないし、社会問題がすべて解決するわけでもない。しかし、このような視点をとるとき、ボランティア精神の発動、社会的弱者に対するサービスの提供、さらに喜捨やワクフによる資金の確保といった観点から、ムスリムＮＧＯの独自性を見出すことが可能となる。

イスラームとＮＧＯの要件

以上のように、寄付やボランティアを促す資源がイスラームにはある。その点を踏まえて、ＮＧＯとイスラームの関係を考察していくこととしたい。

ＮＧＯはNon Governmental Organizationの略称であり、民間（非政府）にあって公共サービスの一環を担う組織である。教育、福祉、保健衛生、医療、環境、収入向上、災害時の緊急支援など幅広い分野で活動している（日本では、海外で国際協力に従事する団体をＮＧＯ、国内で地域の活性化や福祉に従事する団体をＮＰＯと使い分ける傾向にある。ここでは、それらを一括してＮＧＯと呼んでいる）。

ＮＧＯとイスラームの接合について考えるには、まずは、イスラームの教義や制度が、どのようなかたちでＮＧＯの要件を満たしているかを検討すれば良いだろう。ここで参考になるのが、かつて筆者も参加したＮＧＯの比較研究の成果[1]である。この研究では、アジアから一五の国・地域（インド、インドネシア、韓国、シンガポール、スリランカ、タイ、台湾、

1　重冨真一編著『アジアの国家とNGO——15カ国の比較研究』明石書店，2001年。

中国、日本、パキスタン、バングラデシュ、フィリピン、ベトナム、香港、マレーシア)を選び、それぞれの国・地域におけるNGOの特徴や共通性について分析した。そのさいに、比較の前提として、NGOを以下の六つの要件から構成されるものとしている。

① 非政府性
② 非営利性
③ 自発性
④ 持続性・形式性
⑤ 他益性
⑥ 慈善性

①~④は、非政府(自立)性、非営利性、自発性、そして持続性と、NGOの基本条件を示している。NGOの理念型を、政府から自立し、利潤を目的としない(利潤が発生した場合でも、それを構成員の間で分配しない)組織であるとすることに異論はないだろう。そして、この組織には、個人の自発性を参加資格とする一方で、(その場かぎりでなされるボランティア活動と異なり)持続性が保たれていなくてはならない。

さらに、この研究では、対象国にいわゆる発展途上国を多く含んでいたことから、⑤他益性と⑥慈善性という要件をつけ加えている。すなわち、NGOは経済的・社会的弱者の利益のために活動するが、提供するサービスに対して、受益者からの経済的対価を期待しないとするのである。

この六つの要件は規範的なものであり、実際にすべてを満たすNGOは少ないかもしれない。例えば、政府からの自立は、NGOにとって第一義的な重要性を有する。しかし実際には、政府の肝いりでつくられる組織も少なからず存在する。[2] 非営利と営利活動の境界も、多くのNGOがフェアトレード[3]やマイクロ・ファイナンスに従事し、一方で少なからぬ企業がソーシャル・ビジネス[4]に取り組む現代においては、かならずしも明確ではない。しかしながら、少なくとも理念的には、これらに立脚しながら社会的活動を展開する組織として、NGOを定義することは可能だと考える。本書であつかうムスリムNGOとは、この六つの要件――実際にはそのいくつかということになるだろう――を、イスラーム的な教義、価値観、そして制度に根ざすかたちで備え、主として社会開発の分野で活動しているものとしたい。

まず、JITの活動拠点がモスクであったことを踏まえて、イスラームとNGOの接点としてのモスクをとりあげてみたい。モスクの多くは、人々の自発的な金銭や労働の提供(奉仕)の結果として、町や村のあちこちにつくられている。またその維持・補修にも注意がはらわれている。その意味では、自発性と持続性が担保された宗教施設であり、ボラン

2 Government Organized NGO。略して GONGO ともいう。

3 発展途上国の生産者がつくる産品に対して，公正な価格で購入することをフェアトレードと呼ぶ。立場の弱い生産者を買い叩かず，彼らの生活の向上を，買い物を通して支援する運動である。

4 地域社会の課題解決のためにビジネスの手法を活用する取り組み。

ティア活動との親和性は高い。

日本の場合、モスク自体が「異質なもの」であるとされてしまうため、ＪＩＴのメンバーは長年にわたって地域との交流に気を配ってきた。その結果、東日本大震災という非常時において、地域住民を巻き込む支援の拠点として機能するにいたったわけである。

一方、イスラーム圏におけるモスクは、もちろんコミュニティに必須の施設である。かつて筆者は、カラーチーのスラムで、「政府は道路をつくってくれない、下水を整備してくれない」と不満をもらす人々に出会ったが、モスクだけは誰にいわれなくてもコミュニティで力をあわせて建設するのである。そのことを質問すると、相手から半ばあきれたように「モスクは人間としての生活を送るために欠かせないじゃないか」という答えが返ってきたことを憶えている。

第2章、そして第5章で見るように、カーウィシュ福祉財団の事例は、ＮＧＯがモスクをうまく活用するならば、その活動が人々に安心と信頼をもって迎えられることを示している。カーウィシュは、まずモスクの空きスペースを使った「ワンルーム学校」によって貧困世帯へ教育を浸透させていくが、このとき、宗教を尊重する教育方針がとられている。生徒たちによるクルアーン読誦、モスクの清掃や周辺での植樹といった形で、この教育方針を実際に見聞できることが、地域住民の信頼をえる鍵となっている。やがて、モスクでの礼拝につねに集う人々を主役とするコミュニティ開発が導入されていくが、プロジェクトを安定的かつ持続的に展開していくという面でも、モスクの活用は有利に働いている。

続いて、先ほど登場した喜捨(ザカート)を例に見ていきたい。数は多くないが、いくつかの国では喜捨を政府が税として徴収し、生活困窮者(寡婦、孤児、障がい者、失業者など)、あるいは宗教学校の学生などに再分配している。パキスタンでも、政府が個人の銀行口座から喜捨を徴収している。これは一九八〇年代に、時のズィヤー・ウル・ハック政権がイスラーム化政策の一環として始めたものである。

一方で、喜捨はかならずしも国家による徴収や管理を前提とはしていない。第2章で紹介したタンヴィール氏(アキール氏の弟)の次の意見は、たいへん興味深い。

政府が喜捨を徴収・再分配することに異議はないし、そのお金を出しています。しかし、これとは別に、喜捨用の口座を自分でつくっているんです。一年の決まった日(ラマダーン月一日)にその口座にお金をいれる。そして年間をつうじて、そのお金を必要な人のために使っていく。こうすれば自分の納得のいく仕方で喜捨ができるんです。

イスラームの教えを社会的な問題に活用しようとする個人の姿勢がうかがえよう。日本に暮すムスリムも喜捨を集め、困窮している信徒のために役立てている。

喜捨についての議論を進める前に、パキスタン人自身による批判的な意見も紹介しておきたい。それは喜捨そのものに対する批判というよりも、「喜捨さえはらえば、それでよし」とする態度への批判である。すなわち、パキスタン人は、進んで喜捨をはらうかもしれないが、税金をおさめようとしない。中流から上の層の税金逃れがはなはだしいため、政府にはお金がない。だから有効な施策を打つことができない。喜捨はもちろん大切だが、税金をはらうことも大事なはずだ……。この批判に対して、すぐに返ってくる答えは、以下のようなものである。そもそも政府にはやる気がないのだから、税金をはらっても無意味である。誰かのポケットにはいってしまうのならば、なぜはらう必要があるのか。現に社会的なインフラはいつまでたっても整備されない。公的な補助がないから、医療にも教育にもお金がものすごくかかる。われわれはそれを全部自分で用立てなくてはならないのだ……。このような悪循環から、今日のパキスタンは逃れられないでいる。

では実際に、喜捨を活用する団体を見ていこう。パキスタンでは、ラーホールのイスラーム防衛協会[5]をあげることができる。同協会は、一八八四年に設立された歴史のある団体である。当時、生活に困窮する寡婦や孤児のなかに、ヒンドゥー教へ改宗する者が後を絶たず、この改宗を「防ぐ」ことが当初の目的であった。現在では、カレッジを設立するなど高等教育の分野にも進出している。地域の人々による喜捨が、この団体の活動を支えて

5 ウルドゥー語で，Anjuman-i Himayat-i Islam である。

いる（同協会は国家の徴収する喜捨の再分配は受けていない）。

同じくラーホールに本部をおくガザーリー教育財団（Ghazali Education Trust. 以下、GET）の活動もユニークである（JITの関係団体の一つである）。GETは一九九五年、パンジャーブ大学の教員数名が中心となって設立した団体で、団体名は、イスラームの大神学者ガザーリーに由来する。パキスタンの地方において教育を普及させることを使命としている。二〇一一年現在、パンジャーブ州三六県のうち三五県において、三五四の学校を運営する。二二〇〇人の教員が四万四〇〇〇人の生徒を教育・指導しているが、孤児や経済的に貧しい家庭の子どもが約半数を占めている。GETが生徒たちにわたしているのが、「ラマダーン月の箱」である。これは厚紙でできたラマダーン月用の貯金箱である。趣旨は、GETの学校の生徒たちが「より厳しい立場の子どもたちのため」に、寄付を集めるというものである。生徒たちはラマダーン月の初めに貯金箱を受け取る。そして一カ月間、自分の小遣いを出したり、家族にお金をもらったりして貯金し、断食が明けたら学校に持参する。かならずしも経済的に豊かではない家庭出身の生徒たちであるが、小さなうちから自分たちにも人助けができることを学ぶツールとして活用されている。

カラーチーに本部をおくエーディー財団もザカートやサダカを主要な財源の一つとしている。その活動内容は、大規模災害時の緊急救援から事故現場への救急車の派遣、身のお

▶GETが生徒に配布している「ラマダーン月の箱」

き所のない女性への避難所の提供から孤児院の運営まで多岐にわたっている。カラーチー市内を走りまわる「エーディーの救急車」の数の多さに、はじめての訪問者はきっと驚かされるに違いない。さらに、事務所の外にゆりかごがおいてあり、ウルドゥー語で「殺さないでください」と書かれていることにも胸を打たれるだろう。「ここに母親が赤ん坊をおいていっても、見ないふりをすることになっています」とは、女性職員の言葉である。

創設者のアブドゥッ・サッタール・エーディー氏は、国内はもとより、海外でも知名度の高い人物である。パキスタンのすべての民族が混住する大都市カラーチーでは、長年にわたって民族間や宗派間の抗争が絶えない。路上で殺される人も多いのが現状である。エーディー氏は、これまでに何百という遺体を現場から回収し、丁寧に洗い浄め、埋葬してきた。このNGOの場合、カリスマ的な創設者がもつイスラーム聖者的なイメージが、人々の心を惹《ひ》きつけているように感じら

▶アブドゥッ・サッタール・エーディー氏　カラーチーのミタダール地区にあるオフィスにて撮影。

◀カラーチー市内にあるアブドゥッラー・シャー・ガーズィー廟　カラーチーでとりわけ参詣者の多い聖者廟。日夜多くの老若男女が訪れ，祈りを捧げていく。

れる。この場合の聖者とは、貧しい人には食べ物を分け与え、また病気の人には薬を与え、捨てられた赤ん坊を大切に育て、無残に撃ち殺され放置された遺体を丁寧に埋葬する、そんな助けの手を、民衆に直接的に差し伸べてくれる存在である。これに感銘を受ける多くの人々が、エーディー氏にザカートやサダカを託している。

話をパキスタン以外の国に移せば、イランで身寄りのない老人を介護するキャフリーザク慈善財団は、年間約四億円の収入をえている(二〇〇〇年)。このうち、六四%が寄付であり、ザカートやサダカも多く含まれている。スンドゥーク・ザカート(ザカートの箱)は、レバノンの団体であるが、ザカートの再分配を老人や孤児、生活困窮者に対しておこなっている。さらにイギリスに本拠をおく国際NGOのイスラミック・リリーフのホームページを見ると、ザカート・カリキュレーターがある。ここに自分の財産や年収、それにローンなどを入力すると、「あなたのザカートはいくらです」と出てくるようになっており、寄付の奨励に一役かっている。このように喜捨の活用はイスラーム圏で広く見られるものである。喜捨自体がもともと、六八頁で紹介したNGOの要件のうち、⑤他益性や⑥慈善性にもとづいている。これを個人が③自発的にNGOに寄付する場合、それはNGOの②非営利性や④持続性・形式性にも貢献することとなるだろう。NGOにとっては、将来的にも大きな可能性を有した財源である。

ここまでの記述から、社会問題の解決のために、ムスリムをさらなる積極的な活動に誘《いざな》う宗教的な動機づけを読み取ることができるだろう。このような価値観は、一朝一夕に形成されるものではない。歴史上、イスラームにおける慈善を人々の暮しにおいて具体化したものとしてワクフがあったことは、すでに述べたとおりである。ワクフが広がっていくなかで、慈善の社会化・制度化が進んでいった。さきの要件で見ると、①から⑥までのすべてをワクフという制度のなかに見出すことができるだろう。このことは、現代のムスリムNGOが直接、ワクフから派生したということを意味しているわけではない。その意義は、このような伝統が再発見され、再解釈が加えられるなかで、現代的な課題に取り組むムスリムNGOに大きなインスピレーションを与えている点にある。

イスラーム復興における位置づけ

本章の最後に、ムスリムNGOの動向を、現在のイスラーム潮流に位置づける作業をおこないたい。まず、ムスリム個人の覚醒から、国家のイスラーム化をめざす運動までを包括的に取り扱う「イスラーム復興の構図」をみてみよう[6](七七頁)。これは一九六〇〜七〇年代におけるイスラーム圏、とりわけ中東の政治・社会的動態を把握するためにつくられたものであるが、汎用性は高い。外側から内側へとイスラーム復興が進むかたちで、作図

6　ここでの議論や77頁の図は，小杉泰『イスラーム世界』筑摩書房，1998年を踏襲したもの。

されている。

この構図のいちばん外側は、ムスリムたちが暮している現実の社会である。この現実の社会を「本来の」イスラーム社会から乖離《かいり》したものと感じ、生活態度を改めるムスリムが出現する段階が「イスラーム覚醒」である。個人レベルでの生活のイスラーム化が生じ、具体的には礼拝や断食を実践する者が増加する。

「イスラーム覚醒」が個人レベルに広がっていくにつれ、イスラーム復興の動きが組織化され、社会運動となっていく。具体的には、モスクの建設活動やクルアーン暗唱の普及などが奨励される。福祉面では、イスラーム慈善協会の設立、低所得者向けの医療活動があらわれてくる。これが「イスラーム復興運動」の段階である。

また、NGOを含む数多くの組織が、宗教・社会・政治といったさまざまな分野で立ちあらわれてくるが、それらは大まかに「統合型」と「個別領域型」に分類できる。中東の政治と社会において大きな影響力をもつムスリム同胞団は「統合型」の典型である。「南アジアのムスリム同胞団」とも形容されるジャマーアテ・イスラーミーからは第2章で紹介したアル・ヒドマットが派生している。

ムスリムNGOの場合、基本的には「個別領域型」のかたちになる。換言すれば、教育や福祉に従事する組織自らが政治的スローガン（例えば「国家のイスラーム化」）

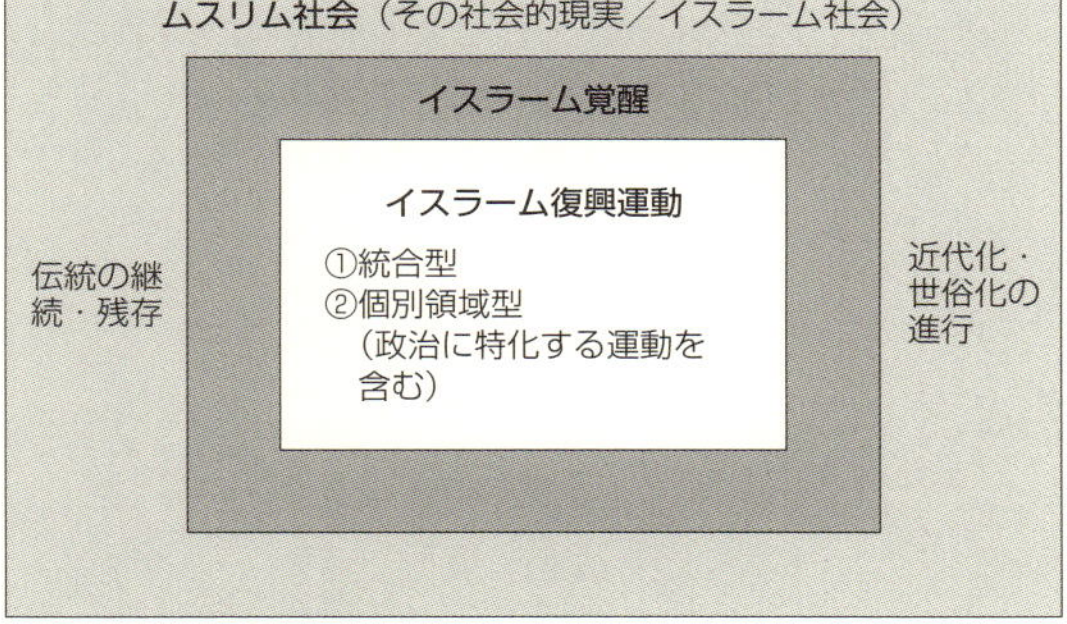

▲イスラーム復興の構図

Column #03

リベラルなNGOとムスリムとしての価値観

ＮＧＯはリベラルな組織であり、政治や宗教とは一線を画すべき存在であるというのが、私たちの一般的な理解であるだろう。日本のＮＧＯは個人の自発性や自由を重んじて、特定の宗教、政治、企業体には属さないとするものが多い。また、市民社会を形成していくうえで、私たちはそれが重要な要件であるとみなしている。実際には、ＮＧＯの職員やボランティアという個人レベルで見ると、キリスト教が与えている影響は確実にあるように思う。ＮＧＯで働くことが、クリスチャンとしての信仰に根ざしていたり、キリスト教主義の大学で学んだ経験が、その後の進路決定にあずかっていたりする。

パキスタンを含むイスラーム圏で活動するＮＧＯにも、リベラルなスタンスをとるものは多い。そこで働く彼・彼女たちは英語を流暢《りゅうちょう》にあやつり、外国の本部やドナーと地域の受益者との媒介役として働いている。まさに、Think globally, Act locallyを地で行く存在である。そんな彼らであるが、ムスリムとしての価値観が垣間見えることがある。

例えば、欧米系ＮＧＯのパキスタン事務所でトップとして働く知り合いがいる。イギリスの大学でＮＧＯ研究に従事し、ふだんは宗教的な発言をまったくしない人物であるが、カシュミール地震のさいの救援活動について語ったときの言葉は印象的だった。

あの時はちょうどラマダーン月だった。私たちは断食しながら救援作業にあたった。

おかげでメンバーの士気が高まり、団結力もとても強いものとなった。何気ない会話のなかから、思いがけない一面を見た気がした。

あるいは、スラムでの学校運営に奮闘する校長先生に、次のように質問してみる。「あなたのこれまでの活動を振り返ってみるとき、イスラームの善行という観点から説明できるものでしょうか」。すると、しばらく考えてから、「たしかにそのとおりだ」といった答えが返ってきたりする。さらに聞いていくと、「学校の名前を決めるときに、宗教学者を呼んで、クルアーンの章句から選んでもらった」という話も出てきた。直接、ポイントを示して質問しないかぎり、聞けなかった話だった。

このように、社会奉仕を促進するイスラーム的な価値観からアプローチしていくと、「イスラーム対NGO」という、しばしば耳にする二項対立で物事を理解しようとすることが、やはり無理のあるものだと感じられる。ムスリム（NGO職員やボランティア）がムスリム（地域コミュニティ・受益者）のために働いている環境について考えるならば、やはりそこには、なにがしかのイスラーム的な価値観が反映されることになるはずである。本書で取り上げているムスリムの価値観が、社会において広く共有されていることを確認したい。

を、掲げたりはしないということである。では、彼らのめざすところはどこなのだろうか。ハムダルド（ならびに次章で述べるアーガー・ハーン財団）の活動からは、「文明としてのイスラームの再興」がテーマとなっていることがうかがえる。イスラーム文明の内包する多様性や寛容を前面に押し出すことで、グローバル化する現代社会における共生を訴える。これはきわめて魅力的なテーマ設定であろう。

しかしながら、草の根レベルの小さなＮＧＯは、「文明の再興」といった壮大なテーマを掲げたりはしない。共通項として見えてくるのは、やはり「人類への奉仕」である（たとえ活動が小規模なコミュニティに限定されていても、ムスリムが人類への奉仕を謳《うた》っていることは、すでに見たとおりである）。多くのムスリムＮＧＯが、この理念のもと教育や福祉、さらに災害発生時の緊急救援に従事している。そして、この理念に共感して喜捨を託し、自分の時間をボランティアとして提供する多くの人々がいる。それがＮＧＯの資金力や人的資源の強化につながり、さらなる活動の拡大を導くという関係性が見えてくる。

個人の覚醒は、ボランティアや寄付の提供に関連して、ムスリムＮＧＯと密接な関係がある。イスラーム復興が進み、日常化すると、ムスリムＮＧＯの数も増加し、その質が問われていくこととなる。ＮＧＯには「奉仕」の質が問われるだろうし、慈善のさきの展開をいかに築いていくかも課題となる。この点について、次章でとりあげることとしたい。

第5章　コミュニティ開発

コーテンのNGO世代論

ここまでの議論から、イスラーム的な特性を有するNGOには、慈善の傾向が強いことがわかる。魚のとり方を教えるのではなく、困っている人に「はい、どうぞ」と魚をあげているわけである。ハムダルドによる無料診療やエーディー氏の孤児の養育などは、その典型例である。これこそ、本書のサブタイトルを「信仰と社会奉仕活動」としたゆえんである。しかしながら、奉仕の精神はそのままに、ムスリムNGOが、住民参加やエンパワーメントといった概念を取り込んでいく過程は、どのようなものとなるのだろうか。ムスリムNGOがこれらの概念をどのように取り込んでいくのかを考えることは、そのポテンシャルをはかるうえで重要である。

ここで参考になるのが、デビッド・コーテンのNGO世代論である。[1]コーテンは社会変革を求めるNGOにこそ、絶えざる自己変革が求められているとし、一度成果を出したN

1　デビッド・コーテン（渡辺龍也訳）『NGOとボランティアの21世紀』学陽書房，1995年。

GOでも、その成果に安住するならば、たちまち存在意義を失ってしまうと鋭く指摘する。そして、第一世代から第四世代までを提示して、NGOに自らの立ち位置を不断に検討するよう求めている。この議論自体は、宗教的なバックグラウンドの有無は問題にしておらず、日本のNGO関係者にも大きな影響を与えてきた。

このモデルにおいて、第一世代のNGOは目前の切迫したニーズに対応する。食料、保健衛生、そして住居などの不足を補うために、サービスや物品を直接、提供するのである。しかしながら、対処療法では問題の抜本的な解決にいたることはない。

第一世代の課題を解消すべく、第二世代は、自立に向けたコミュニティ開発を開始する。ニーズをかかえた人々が自ら必要なサービスや物品を調達できるよう、その能力向上に焦点をあてる。女性や土地なし農民のグループ結成を推進し、予防的な保健衛生活動や農業研修などをおこなう。

第三世代になると、政策や制度変革をつうじて持続可能なシステムの開発へと向かう。コミュニティ開発での成果を梃《てこ》に、より広範な地域や国レベルのモデルとして展開をはかる。NGOは、日常的なサービスの提供者から、触発者的な役目をおびるようになる。

第四世代のNGOには、なによりも民衆を動かすヴィジョンが求められる。ほかのNGOや政府とも連携して、地球社会の諸制度の変革に立ち向かう。また、草の根レベルでは、地域に根ざした民衆の運動を育て、そのネットワーキングに力をそそぐこととなる。

コーテンは、NGOに対して、つねに次の世代への変容を求めている。もちろん、第一世代に分類される人道支援——災害や紛争発生時における食料配給や医療サービスの提供——がなくなるわけではない。しかし、NGOが物品を配ることにのみ満足し、(例えば)難民が生じる政治・経済的な原因の解明を怠《おこた》るならば、社会変革の可能性はきわめて小さなものにとどまるだろう。

ここまで紹介したムスリムNGOは、第一世代のカラーが色濃いものであった。困っている人に助けの手を差し伸べなさいという教えに重きがおかれているのだから、そのような傾向が強くなるのは当然かもしれない。緊急時の食料や物資の配布においては強みを発揮するだろう。しかし、コーテンの世代論から明らかなように、平常時の開発においては、参加や自立、あるいはエンパワーメントといった概念が重要である。「魚をあげる」ことから、「魚のとり方を教える」ことへの転換である。さらには「魚のとり方を、人々がおたがいに教え合うこと」を支援する方向へと、NGOの資源を振り向けよと提言している。この点を具体的に考えていくために、本章では、ムスリムNGOによるコミュニティ開発の事例を見ていきたい。住民参加型のプログラムを実施し、その実績をもとに全国モデルへの格上げをはかる展開であり、コーテンのいう第二・第三世代にあたる。さらに草の根レベルで民衆の組織を育て、そのネットワーキングに力をそそぐという点では、第四世代にも該当するかもしれない。

それでは、コミュニティ開発はどのような特徴を有しているのだろうか。つぎに四点を列挙する。[2]

① 集団としての活動

② ニーズによる方向付け

③ 目的による方向付け

④ 草の根レベルでの活動

まず①であるが、コミュニティ開発は、ある問題を共有する人々が自発的におこなう活動である。この住民組織が成果をあげるとき、ほかの人々の参加(ならびに新たな組織の結成)を促進する。

つづいて②であるが、複数の住民が参加するということは、多様な価値観をもつ人々が集まるということでもある。そのため、自分たちのなかでもっとも優先順位の高いニーズについて、人々が話し合いをおこなったうえでの合意形成が求められる。住民が物事を決めるプロセスそのものが、参加型のコミュニティ開発においては重要である。

ニーズの明確化を受けて、③の目的の明確化も求められる。目的は、具体的なものでな

2 Swanepoel, H., and F. De Beer, *Community Development: Breaking the Cycle of Poverty*, Cape Town: Juta Academic, 2006. を参照している。

ければならない。例えば、「つきっきりで幼児の面倒を見なければならないため、女性が働きに出られない。女性が収入をえるには、子どもを預かる施設が必要だ」。これが最優先のニーズだとすると、具体的な目的は「保育所の設置」となる。そして、設置する場所、誰の子どもを、何人まで預けられるのかといった点について、具体的に決めていく必要がある。

最後に④であるが、コミュニティ開発は、住民たち自身が運営していくことが大切である。初期段階では、官僚やNGO職員の的確な指導なしには、組織を立ち上げることは難しいかもしれない。しかし本当の意味での草の根とは、「土の下にかくれている部分」、すなわち、社会の下層で暮す人々自身がコミュニティ開発にたずさわるということである。

さらに「参加」には、行政やNGOによる「操作」から、住民自身による「自己管理」までさまざまな程度がある。住民参加の程度がますにつれ、人々が共同の目的達成のために相互に責任を分かち合い、リスクを負担する割合も増加することになる。これら四点が理念にとどまらず、開発プロジェクトの実践に具体的なかたちで反映されるとき、その成果もまた大きなものとなる。

アーガー・ハーンの開発

じつは、筆者がムスリムＮＧＯについて調べるきっかけとなったのは、まさにこの「参加型開発」の現場に居あわせたことにある。一九八〇年代の半ばから一九九〇年代の半ばにかけて、筆者はパキスタンで文化人類学のフィールドワークをおこなっていた。パキスタンの北部山岳地帯には、五〇〇〇～八〇〇〇メートル級の高峰が聳《そび》え立ち、その合間を縫って流れる谷には、多くの民族集団が暮らしている。この地方に関して、おぼろげながら理解しはじめると、町からジープで何時間もかかる小さな村々に、小中学校、母子健康センター、そして農村開発のネットワークが張りめぐらされていることに気付いた。そして、それらがよく機能していたのである。「なんでこんな山奥に」と調べていくと、アーガー・ハーン開発ネットワークとして知られる大規模なＮＧＯ組織群が見えてきた。

パキスタンでは、アーガー・ハーン(Aga Khan)という文字を目にすることがしばしばある。それはイスラーマーバードの通りの名前であったり、カラーチーの大学病院だったりするのだが、北部の山岳地帯にいたっては、本当にそこかしこで見つけることができる。アーガー・ハーンとは、イスマーイール派イマームが過去四代にわたって用いてきた称号である。イスラームの宗派に、多数派のスンナ派と少数派のシーア派の二つがあることはよく知られているが、イスマーイール派はシーア派の一分派である。そしてイマームとは、預言者ムハンマドのいとこであり、かつ婿でもあったアリーを初代とし、その子孫に受け継がれる無謬《むびゅう》の指導者のことを指している。この世襲指導者に忠誠を誓うことが、シーア派の大きな特徴となっている。

イランやイラクで多数派であるシーア派は「一二イマーム派」である。この派では、九世紀に一二番目のイマームが「お隠れ」になり、将来いずれの日にか再臨するとされている。久しく不可視の存在となっている一二イマーム派のイマームに対して、イスマーイール派は現在まで連綿と続くイマームの血統に従う。現イマームであるアーガー・ハーン四世は、アリーより四九代目とされ、一九五七年に、二十歳の若さでイマーム位についた。ハーヴァード大学の卒業で、オリンピックにスキー選手として出場するなどの経歴をもち、パリ近郊のエグルモンから、世界中に散在するイスマーイール派信徒の指導にあたる。

アーガー・ハーン開発ネットワークは、もともと宗派内部の互助組織だったが、アーガー・ハーン四世が指導力を発揮して、国内外で大きな影響力を有するNGOへと発展させていった。この組織による学校運営は一九四〇年代に始まり、七〇年代にはいって保健衛生事業が続いた。その後、AKRSP(アーガー・ハーン農村支援事業)の持ち込んだ参加型開発が、この地域の農村を大きく変貌させた。

AKRSPの設立は一九八二年のことである。当時、北部の山岳地域では、政府による、土着の王国の廃止後、一種の制度的真空状態が生じていた。伝統的な制度を廃止しながら、政府による近代的組織の導入は遅々として進まなかった。その一方で、首都イスラーマバードからギルギットを経由し、中国にいたるカラーコラム・ハイウェイの完成は、人や物資の流れを急激に加速させていた。この状況において、AKRSPは政府にかわって農村開発を指導したといっても過言ではない。このとき、アーガー・ハーン四世が登用したのがショアイブ・スルターン・ハーンという人物である。彼はコミュニティ開発の専門家として、すでに高い評価をえていた人物であった。アーガー・ハーンは、宗派とは関係のない人間を実用主義の観点から採用したのである。ショアイブ・スルターン・ハーンは難路を苦ともせずに村々を訪ねてまわり、山地農民が自らVO(Village Organisation. すなわち男性がつくる組合)、ならびにWO(Woman Organisation. 女性組合)を結成することを奨励していった。さらに、VOでメンバーが自らの問題を議論し、その問題解決のために草の根レベルで行動できるようにノウハウを提供していった。まさにコミュニティ開発の実践である。具体的には、農業技術の改良、灌漑《かんがい》水路や道路の建設、植林、換金作物の栽培とマーケティング、資金融資など、多岐にわたる事業が展開された。

同じ頃、パキスタン最大の都市カラーチーでは、パキスタンにおける参加型開発を語るうえで欠かせない画期的なNGOが誕生していた。一九八〇年、オーランギーで活動を開始したオーランギー・パイロット・プロジェクト（ＯＰＰ）である。オーランギーは、カラーチーでも有数のスクオッター地区として知られる（地方から大都市へ流入する人々の多くが、国有地や私有地に不法に住居を建築し、住みついてしまう。このような人々や彼らが暮す地区をスクオッターと呼ぶ）。スクオッター地区では、オーランギーの不法占拠であるとの理由から、行政のサービスを十分に受けられない不利な居住環境が続く。住民との対話の積み重ねから、衛生状況の改善が求められていることを理解したＯＰＰは、住民自身による下水管の設置を指導した。住民たちが自ら路地を掘り返し、下水管を設置していく方法で、下水道網をつくっていったのである。その後、オーランギーではやはり住民参加によって電柱の設置や街路樹の植林なども進められた。住民が行政の領域へ浸透し、その成果をもとに行政と対話し成果をあげていくプロセスを、ここに見ることができる。その後、ＯＰＰは環境改善のコンサルタントとして、パキスタン各地のスラムで活動するＮＧＯやＣＢＯ[3]、あるいは自治体からの要請にこたえるようになっていく。ＯＰＰが都市スラムにおける住民参加の方法論を確立していくのと時を同じくして、ＡＫＲＳＰは農村部における参加のモデルを編み出していったのである。

　筆者が長期にわたって滞在したピンガル村やその周辺でも、学校やクリニック、水路建設、植林などさまざまな活動が村人自身の手によっておこなわれていた。そのなかでも、

[3] Community Based Organizationとは，住民が自らのコミュニティの問題を解決するために結成する組織のことである。

住民の自発性をよく示す活動として、今もよく思い出すできごとがある。とりわけ、東日本大震災のあとは、そのときの光景を思い出すようになった。

一九九四年七月二十九日の話であるが、調査していたピンガル村の隣村であるソソト村を土石流がおそった。村全体を舞い上がった土埃《つちぼこり》が包み込み、地面をゆるがす爆音が轟《とどろ》く。三〇メートルもあるポプラの木が、ぐっ、ぐっと押されてかたむき、流れにのみ込まれていく。信じられないような巨大な岩が回転しながら落ちてくる。枝谷で発生した土石流は凄まじい勢いで本流のギズル川を塞《せ》き止め、対岸の斜面にぶつかっていた。にわかには信じられない光景が目の前に出現し、文字どおり一瞬にして、ソソト村の中心部は徹底的に破壊されてしまった。五人が死亡し、一五軒が流されたり、水没したりした。土石流が流れ込んだ部分は大きく削られ、岩肌がむき出しとなった。灌漑水路にそって植林されていた木々、村に電気を供給していたジェネレーター、イスマーイール派の礼拝所であるジャマアート・ハーナ……すべて跡形もなくなった。

残されたソソト村の住民は、翌日から飲み水にも困ることとなった。ピンガル村の住人は、水をいれた大きなプラスチック容器を背中にかつぎ、何回もソソト村まで往復した。ただ、それでは運べる水の量には限界があるし、いつまでもこの重労働を続けるわけにはいかない。残された作物や果樹のためにも、水路を再建する必要があった。しかし、親族や家を失ったソソト村の住民には、すぐに再建に取り組む気力はなかった。八月十六日、ピンガル村のVOのリーダーが中心になって、三〇数名のボランティアが仮設水路の建設に取り組みはじめた。そして数日後には、一通りの工事を終えた。さらに、家を失ったソソト村の住民のなかには、親族を頼ってピンガル村に移り住む者もいた。彼らは最初はテント暮しをしていたが、こちらもやはりピンガル村のボランティアが家づくりを始め、数日のうちに完成させた。

このときのピンガル村住民の機敏な行動は、それまでのコミュニティ開発への参加があればこそであった。町から遠く離れた山村であるから、この地域の住民は行政には頼れない。AKRSPの指導のもと、住民たちは水路や道路を自分たちで建設するノウハウを身に着けていたのである。

イスマーイール派宗徒を精神的に導くアーガー・ハーンの存在が大きな役割をはたすこのNGOと出会ったことで、筆者は宗教的基盤をもつNGOへの関心を深めていった。しかしながら、当時のアーガー・ハーンの開発は、宗教性が直接反映したものとはなっていなかった。一つには、実用主義を重んじる立場から、AKRSPのスタイルは、宗派にかかわらず能力に優れた職員を雇用し、コミュニティ開発の現場できたえ上げられた手法を村々に広めていくものであったからである。さらに、表面上の宗教性の希薄さは、少数派のシーア派のなかでも、さらに少数派というイスマーイール派の微妙な宗教的立場を反映してもいた。初代アリーから連綿と受け継がれてきた世襲のイマーム位こそが、信仰と生活の要《かなめ》であるという彼らのイスラーム的な価値観はオブラートに包まれており、声高に表明されることは決してなかった。

二〇〇二年の調査から

その後、二〇〇二年夏に三週間の調査をおこなった。このときは、アーガー・ハーンの開発のモデル地区ともいうべき、フンザ谷を中心にまわった。AKRSPの活動開始から二〇年が経過していた。イスマーイール派が集住するフンザ谷では、質量双方の点で他地域の村々を大きく凌ぐ活動が展開された。そして、AKRSPの活動を土台に、住民自身がつくったNGOが自力で活動するまでになっていた。いくつかその事例を紹介したい。

まず、グルキン村のVO・WOを取り上げる。グルキンは、一三〇世帯、人口一〇〇〇人あまりの村である。識字率は七五%と高い。換金作物であるジャガイモ(種芋)栽培が農業の中心となっている。ここには、AKRSPの指導のもと、一九八三年に結成されたVOとWOがそれぞれ一つずつあった。メンバー数は、三六四名(うちVOが一六三

▶**パキスタン北部山岳地帯のフンザ地方**　この谷では，イスマーイール派住民が多数を占めている。

名、WOが二〇一名)で、村の全世帯をカバーしている。定期的なミーティングのたびに奨励される貯蓄は、一人当たり平均二万六〇〇〇ルピーに達していた。合計では九五〇万ルピーである(VOが六九〇万ルピー、WOが二六〇万ルピー)。当時のレートは一ルピー=二円ほどであるが、山地の農民にとっては大きな成果であった。

一九九八年、VO・WOは、自らの活動運営をより自主的なものにするべく、マイクロ・クレジットの運営を開始した。これ以前は、AKRSPからVOの貯金を担保に融資を受けて、さまざまな活動を実施していた。これまでに二一五人が融資を受け、農業、植林、土地改良、家畜、養鶏、商売さらに教育上の出費等に利用してきた。貸与期間は一カ月から一五カ月の間で、利息は年利二〇%となっている。村の銀行として重要な役割をはたしている。

VO・WOの活動と並行して、グルキン村では村の社会生活のほぼ全般にかかわるNGOが創設されている。水利・灌漑、観光、家畜の放牧、農作物のマーケティング、建設工事、学校の運営、女性の職業学校、自然保護、スポーツ(サッカーやポロ)の分野ごとに委員会をおき、活動する体制となっている。

このなかで一つ紹介したいのが、ナースィレ・フスロー・モデル・アカデミーである。ナースィレ・フスローはファーティマ朝期のイスマーイール派の旅行家・思想家であり、

◀ナースィレ・フスロー・モデル・アカデミー(グルキン村)

パキスタン北部へ最初に同派の教えを伝えた人物として尊敬を集めている。この学校は、質の高い英語教育を熱心に求める村人自身によって創設された。生徒数は九四名、教員は八名であり、教員のほとんどが学士の資格をもっている。

パキスタン北部では谷ごとに異なる言語が存在する。フンザ谷ではブルーシャースキー語、さらに上流部のゴジャール地方(グルキン村も含む)ではワヒー語が話されている。これら地域語の多くは、定まった正書法をもたず、話し言葉の域を出ない。国語のウルドゥー語はかなりの程度まで普及しているものの、大学レベルの教育では有用性が極端にさがってしまう。このため「一流大学を出て、いい職を」と考えた場合、ウルドゥー語で勉強するよりも、充実した英語教育のほうが、個人にとって賢明な選択となる。英語重視の傾向は、フンザ教育・社会福祉協会として地域全体で制度化されている。この協会は、一九九三年に教員研修を主目的として結成された。二〇〇二年現在、ナースィレ・フスロー・モデル・アカデミーを含む一四校(生徒数一五九八名)が加盟している。この協会が、加盟校の教師の英語力の向上のために、ネイティヴのトレーナーによる研修を用意する。海外からのトレーナーは、イスラーマーバードにオフィスをおく国際開発NGOと連携して募集されている。

英語教育の学校一つをとってみても、その運営を維持するには、外部から資金や技術の提供を受ける必要があるが、グルキン村のNGOは、多くのドナーと直接交渉する能力を身につけていた。交渉相手には、パキスタン政府、アーガー・ハーン財団、さらには世界自然保護基金（WWF）や国際自然保護連合（IUCN）といった国際NGOも含まれる。

続いて、より上流のハイバル村のVOは、一九八三年に結成された。当時、村の世帯数は九八で、うち五五世帯が参加した。活動には、開墾、橋の建設、家畜の導入、植林、そして野生動物の保護などがある。パキスタン北部の山岳地帯には、アイベックスやユキヒョウが生息する。これらの動物は、主として冬の間に狩猟の対象となってきたが、現在、村人は動物保護や環境保全の観点から保護に取り組んでいる。ここには、国際社会からのインセンティヴが働いている。IUCNから、禁止に対する一種の「見返り」として、水路建設資金五〇万ルピーが供与されている。狩猟の禁止は、一九八九年に一つの枝谷で開始され、徐々にこの地域全体に広がりを見せている。IUCNからの資金で建設された水路は、その後、政府支給の二〇〇万ルピーによって拡張された。

最初のVO活動の成果を受けて、ハイバル村にはさらにそれぞれ二つのVOとWOが誕生することとなった。これらVOを連携させていくために、この村でも独自のNGOが結成された。VOが活発に活動するとき、村人自身が管理と責任をもつ独自のNGOが立ち上がってくるという道筋を、この事例からも確認できる。

三つ目の事例は、KADO(Karakoram Area Development Organization)である。このNGOは、一九九五年に活動を開始した。フンザ観光の拠点となっているカリーマーバードに本拠をおいている(カリーマーバードとは、「カリームの都」という意味で、アーガー・ハーン四世の名前であるカリームより、名づけられている)。KADOは女性による手工芸品の製作・販売を中心に、障がい者の作業所運営、伝統工芸の再興、ごみ処理、開発プログラムへのITの導入などの事業をおこなっている。組織運営は、三五名の代表によって構成される総会と、一一名による理事会が担い、全員がボランティアである。

フンザには、シャルマと呼ばれる伝統的な床敷がある。ヤクもしくはヤギの毛でつくられ、丈夫で断熱性に優れている。スイス人の織物専門家が、フンザで調査をおこない、このシャルマを「発見」したことがNGO設立のきっかけとなった。手工芸品の製作は二〇〇名で始まり、数年で二八〇〇名の女性が参加するまでとなっていた。彼女たちは九〇種類の手工芸品を自宅で製作し、これら手作りの品々は、七カ所の作業場で完成品として仕上げられる。商品最大のマーケットは、ほかならぬ地元フンザである。この「不老長寿」の谷を訪れる外国人ツーリストにおみやげとして販売することで、実績を伸ばしてきた。しかし、二〇〇二年のシーズンは、アフガニスタン空爆やインド・パキスタン間の軍事的緊張を受けて、フンザ谷にツーリストの姿はほとんどなかった。KADOは女性たちのつくった製品を買い上げているが、そのほとんどは倉庫にストックとして眠っていた。住民の努力では、いかんともしがたい状況に、彼女たちはおかれていたのである。そのストックを見て、平和こそが開発を進めるうえで、もっとも大切な条件であることを、筆者もあらためて認識させられた。

この調査では、話題がしばしばこの地域の変容におよんだ。多くの村のリーダーたちは、一九八二年のＡＫＲＳＰ登場を「一種の社会革命であった」と振り返る。灌漑水路や本道へのリンク道路の建設などをとおして開発に対する住民の意識を高めるとともに、具体的な技術サポートを与えてくれた、というのが彼らの評価である。

じつはそれ以前の一九七四年、政府は世襲の首長(ミール)制を廃止している。しかし、そのことは、彼らのなかではほとんど重要視されていない。突然首長制を廃止したにもかかわらず、政府は必要な役所をすぐに設置しなかったし、現行のサービスも評判が悪いからである。

「ＡＫＲＳＰは、われわれに大きな経験をもたらしてくれた。フンザのＶＯ・ＷＯは、もうＡＫＲＳＰがいなくても自立してやっていけるし、村のＮＧＯも交渉能力を身につけつつある。ＡＫＲＳＰの資源もかぎられているのだから、アフガニスタンやタジキスタンで活動すべきだ」との発言を繰り返し聞いた。

山地の農民の生活を大きく変えたＡＫＲＳＰの開発手法は、パキスタンの国内外で高く評価された。その後、パキスタン全国の農村開発において、この手法が採用されたことからも、インパクトの大きさがみてとれる(もちろん、イマームの指導というイスマーイール派独自の特徴は、そこには組み込まれていない)。

コーテンの世代論に照らしてみても、アーガー・ハーンの開発は、かなりのレベルに到達したと評価できるだろう。どうして、ここまでの成果をあげることができたのだろうか。トップに立つアーガー・ハーン四世の側の観点からすれば、他宗派の住民も巻き込みつつ、現代のイスマーイール派イマーム位と宗徒の関係を、コミュニティ開発を軸に再編成したということになる。しかしながら、すべてをイマームの指導力に還元してしまうわけにはいかない。もう一つ大きな要素として、コミュニティの存在をあげるべきだろう。興味深いことに、村のリーダーたちは、どちらかといえば悪名高い首長制のなかに、ＡＫＲＳＰへとつながっていく「伝統」を見出している。首長の支配は恣意《しい》的なものであり、しばしば住民に多くの苦難を与えていたとされる。しかし、一方では伝統的な首長のもと、荒地の開墾や作物の再分配システムというかたちで、人々は協働していたというのである。荒地の開墾は、首長の命令によって進められ、新しく土地を開墾した者には、無料でその土地が与えられた。そして、収穫量に応じた税金を首長に対して支払った。また、農作物の収穫後、一定量を首長が貯蔵し、食料が不足する農民には、そこから貸し与えていた。農作業や牧畜における共同作業も含め、村々には優れた相互扶助の仕組みがあり、かつては自分の仕事が他人への奉仕や相互扶助の一環となっていた。この伝統があったからこそ、AKRSPがやってきたとき、彼ら住民はそのアイディアを理解し、実行に移すことができたという。すなわち、アーガー・ハーンの開発の強みは、この地方において伝統的なコミュニティが確固として存在しており、それを土台としていた点にある。多くのコミュニティ開発では、住民参加型の活動をとおして「コミュニティの創造を試みている」といったほうが実情にかなっているだろう。パキスタン北部の山地では、コミュニティは到達目標ではなく、スタートにおいて与えられた条件であった。

イマームの指導と伝統的なコミュニティが存在するところに、これまでのコミュニティ開発の成果を取り込んだ手法が堅実に実施されていった。それがアーガー・ハーンの開発であった。では、宗教と実用主義が統合されているアーガー・ハーンの開発は特殊条件の複合体であり、類似の事例を探すことはできないのだろうか。強力なリーダーシップを発揮する最高指導者がいなくては、コミュニティ開発とイスラームを接合することはできないのだろうか。もう一度ラーホールにもどって、考えてみることとしたい。

モスクからコミュニティ開発へ

第2章で取り上げたカーウィシュ福祉財団は、ラーホールを本拠とし、「ワンルーム学校」を運営する団体であった。代表者の故郷であるバハーワルナガルを最初の拠点に、活動を始めている。バハーワルナガルはパキスタンの穀倉地帯であるパンジャーブ州の農村部に位置する。

「ワンルーム学校」の多くが、モスクの空き部屋を利用していることはすでに述べた。興味深いのは、モスクを接点として、教育からコミュニティ開発へと活動の展開をはかっていることである。バングラデシュ最大手のNGOであるBRACから学んだとするが、そのユニークな活動に対して注目が集まっている(イスラーマーバードにあるリファー国際大学のイスラミック・ビジネス・センターから調査報告書が刊行されている。本節の記述の多くは同書に依拠している)。

二〇〇三年、最初の学校がバハーワルナガルに設立された。モスクの一室を借り受け、貧困世帯の子どもたちが無料で初

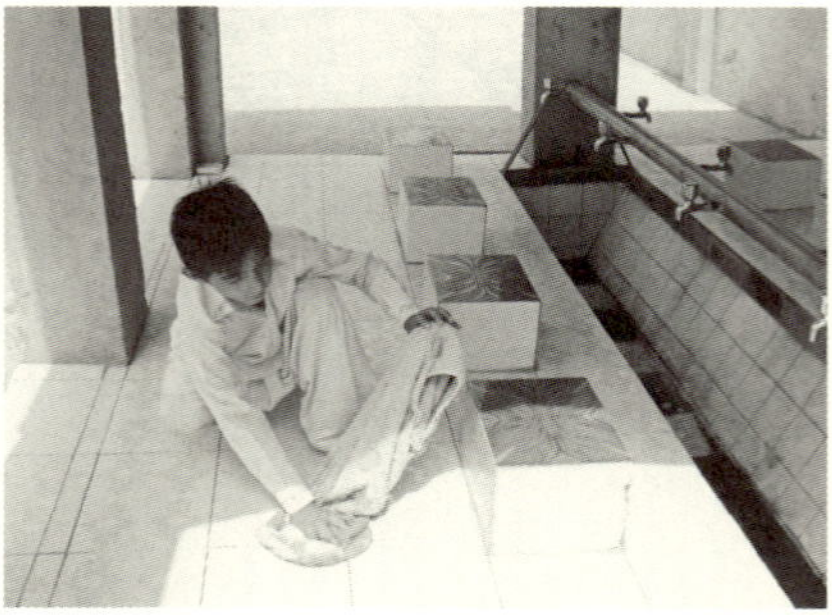

◀**モスクを掃除する生徒**(バハーワルナガル県)

▶**植林をする生徒たち**(バハーワルナガル県)

等教育を受けられるようにするという試みは、着実に地域に根を張っていった。なるべくお金をかけずに、一定の質の教育を、という基本姿勢が共感を呼ぶとともに、敬虔《けいけん》なムスリムを教師として選び、生徒たちが責任をもってモスクの清掃や植林にあたったことも、地域住民の理解を促進した。これらの活動をつうじて、生徒たちは共同作業やリーダーシップの重要性について学んでいくのだが、一方で「宗教を大切にしている」という姿勢も明確となる。ほどなく中等教育への要望が高まり、新たに設立された二つの学校で一五〇名の女子学生が英語、コンピュータ、科学を学ぶこととなる。農村部の医療の拠点となる病院も設置された。

教育と医療を提供し、地域住民の信頼をえたうえで、カーウィシュ福祉財団はコミュニティ開発へと乗り出していく。まずは、マイクロ・ファイナンスと現物支給を組み合わせた実験的なプロジェクトが試行された。これはウフワット[4]と共同での実施である。このNGOは、二〇〇一年、貧困者向けの小口融資であるはずのマイクロ・ファイナンスが、多額の利子をとって、利益をあげていることへの批判から始まった。きっかけは、ラーホールのスポーツジムに集った友人たちの間の議論であったという。

このプロジェクトでは、ウフワットが提供した資金でカーウィシュはバイク、自転車、ミシンを購入し、希望者に支給する。村の仕立屋が新しいミシンをえて売り上げをふやし

4 ウフワットというウルドゥー語は兄弟の間柄・愛情を意味する。イスラームの最初期に，マッカ（メッカ）での弾圧を逃れてマディーナに移ったムスリム（ムハージル）と，彼らを受け入れた人々（アンサール）の間の友愛に由来する名称である。

たり、村人が市場で買い付けた果物を自転車で販売してまわる、といったかたちで活用されている。受給者は、二四回の月賦《げっぷ》払いでこれらの商品を市価(定価)でカーウィシュから購入する。利息はいっさいとらない。カーウィシュの経費は、商品のまとめ買いでえられるディスカウントによってまかなわれている。

ここで「ワンルーム学校」の教師が大きな役割をはたしている点に注目したい。教師たちは地域における貧困の状況を把握し、適切な受給候補者を推薦する(そもそも「ワンルーム学校」は、貧困家庭の子どもたちを対象としている)。さらにそれだけではなく、保証人となってローンが滞らないように気を配ってもいる。このプロジェクトをつうじて、これまでに一〇台のバイク、一〇〇〇台以上の自転車、約五〇〇台のミシンを配布した。これらの総額は一〇〇〇万ルピーとなるが、教師のきめの細かいケアもあって、ローンの回収率は九九%となっている。効果を確認したウフワットは、通常のマイクロ・ファイナンス——現物支給ではなく、現金を無利子で貸し付ける——を、バハーワルナガルに導入した。

最初のプロジェクトの成功を受けて、ウフワットとカーウィシュは現物支給プロジェクトの第二弾に乗り出す。今回は、学校ごとに一〇頭の雌ヤギが配給された。まず、このうちの一頭を教師がえる(教師の給料は低く抑えられており、その生活は決して楽なものではない)。四頭は、成績優秀な生徒の家に表彰として配られる。教育との相乗効果を出そうとする配慮である。残り五頭は、教師の推薦によって、貧困家庭に配布される。雌ヤギの受益者は、一緒に二頭の子ヤギも受け取る。ヤギのミルクを自宅で飲んでもいいし、売って小銭を稼いでもよい。当初、受益者は支給されたヤギから生まれてくる子ヤギ三頭をカーウィシュにわたすことで、雌ヤギの代金を返済することとなっていた。そして、カーウィシュはこの子ヤギを別の受益者にわたすことで、受益者数の増加をはかろうとしていた。しかし、実際には、雌ヤギと二頭の子ヤギを一緒に受け取ることを多くの者が希望したため、うまくまわらなくなった。結局、受益者の支払いを子ヤギ三頭ではなく、現金六〇〇〇ルピーへと改めた。そして、このお金で、カーウィシュが新たに雌ヤギを購入している。

肥料と殺虫剤の販売は、ババーワルナガルという農村部の問題に着目したプロジェクトである。ここでは、多くの農民が手持ちの現金がないために、農作業に必要な肥料と殺虫剤をつけで買っている。支払いは収穫後となるため、現金払いに比べて三割ないし四割増しの料金を商人から請求されている。農民の立場に立ってこの問題を解消するために、まず、カーウィシュが肥料と殺虫剤を卸売価格で大量に購入する。肥料を例にとると、各学校に六〇袋ずつ配給し、販売を担当するのは、やはり教師である。価格は卸売価格の二割増し、支払いは六カ月後という条件である。教師は一袋売るごとに、五％の手数料をえる。一方、カーウィシュの取り分は一五％である。これによって、現金のない農民は商人からの搾取《さくしゅ》を逃れることができ、また教師は少ない給料をカバーすることができる。さらに、ＮＧＯも活動経費を捻出することができる。近江商人の三方良し「売り手良し、買い手良し、世間良し」ではないが、ビジネスマンを代表者とするＮＧＯらしさのよく出たプロジェクトである。

　カーウィシュのプロジェクトで興味深いのは、モスクを拠点として活動を広げ、住民を少しずつ巻き込んでいくプロセスである。まず、「ワンルーム学校」によって、貧困世帯へ教育を浸透させていく。このとき、宗教を尊重する教育方針がとられ、それが実際に目にみえるかたちとなっていることが、地域住民の信頼をえる鍵となっている（イスラームの学習に力をいれるとともに、生徒によるモスクの清掃や敷地での植林を励行する、敬虔なムスリムを教師として採用するなど）。その後、教育以外の分野で活動を開始する際には、教師自身が現場でコミュニティ開発のプロジェクトに直接かかわり、ソーシャル・オーガナイザーとしての能力を発現させていく。活動の拠点となるのはやはりモスクであり、このプロセスをとおして、モスクもまたコミュニティ・センターとして機能していくこととなる。

　カーウィシュは現時点でおよそ一〇〇のモスクを活用しているが、代表のアンマル・アフマド・タリーン氏は、次のように語っている。「モスクはパキスタン全国に無数にある。「ワンルーム学校」はいくらでもつくることができる」。

アーガー・ハーンの開発には、生きて信徒を指導するイマームと、それに従う少数派コミュニティという特徴があった。これに対して、モスクを基盤とするコミュニティ開発は、その初期においても、カリスマ的なリーダーシップを必要とするわけではない。そこに暮す人々の宗教的な感情にかなうかたちで、活動内容を広げていくことが可能である。カーウィシュの成果は、今はまだ小さなものにとどまっている。しかし、カーウィシュが巨大化せずとも、同様の活動があちこちで広がっていくことは十分可能だろう。モスクは、イスラームの普遍性と同義ともいえるからである。モスクを参加型開発の基盤として活用する手法は、地域をこえるモデルとして、大きなうねりを生み出す可能性を秘めている。

こうしたムスリムＮＧＯの活動に、今後も注目していきたい。

おわりに

筆者が最初にパキスタン最北部を訪れたのは一九八四年、二十歳のときのことだった。それから数年は、峻険な山々に囲まれた谷における生業や民族間の関係を調査テーマとしていた。しかし、アーガー・ハーン系のＮＧＯ活動と出会い、「こんな辺境の土地で、なぜこんなにうまくコミュニティ開発や医療・教育の制度が機能しているのだろうか」という関心が、より大きくなっていった。この問題意識にもとづいた博士論文を提出したのは一九九九年であり、最初の訪問から一五年がたっていた。

その後、カラーチーを中心に、ハムダルドやエーディーなど都市のNGO活動の現場を回り、少しずつ調査成果を発表してきた。本来ならば、それら一連の論考をもう少し早くこのようなかたちでまとめたかったのだが、思いのほか時間がかかってしまった。

一方、日本やパキスタンを取り巻く状況は急激に変化した。まさかムスリムNGOについて書く本の第1章が、日本に暮すムスリム、それもパキスタン人を中心とする団体を題材とするものになろうとは、一九八四年当時はまったく予想できなかった。しかし、もうすぐ五十歳になる筆者が、勤務先からさほど遠くないモスクで、本書に登場するシディキさんやハルーンさんに日本語でインタビューしているのは、まぎれもない現実である。

今後も、NGO活動が世界中でよりさかんになっていくことは間違いない。そして、「先進国」日本のNGOが「発展途上国」を支援するという一方通行から、相互支援のステージに入って行くだろう。すなわちそれは、グローバルな形での協働にともなって、一段と深いレベルでの異文化理解が求められる時代を、われわれがむかえたということでもある。本書で、身近なところから「イスラームを知る」ことを始めたのも、このような異文化理解の時代的要請を、筆者なりに受け止めてのものだったといえるだろう。

参考文献

青木武信「インドネシアの環境政策をめぐって――イスラームの規範とイスラーム的公共圏がはたす役割」（船橋晴俊・壽福眞美編著『公共圏と熟議民主主義――現代社会の問題解決』法政大学出版局、二〇一三年）
稲葉圭信・櫻井義秀編『社会貢献する宗教』世界思想社、二〇〇九年
岩武昭男「公益・福祉制度――ワクフ」（板垣雄三監修、後藤明編『講座イスラーム世界2　文明としてのイスラーム』栄光教育文化研究所、一九九四年）
デビッド・コーテン（渡辺龍也訳）『NGOとボランティアの21世紀』学陽書房、一九九五年
小杉泰『現代中東とイスラーム政治』昭和堂、一九九四年
小杉泰『イスラーム世界』筑摩書房、一九九八年
斎藤文彦編著『参加型開発――貧しい人々が主役となる開発へ向けて』日本評論社、二〇〇二年
澤江史子「トルコにおけるイスラーム的女性公共圏――「首都女性プラットフォーム」を中心的事例として」（『アジア経済』五二－四、二〇一一年）
重冨真一編『アジアの国家とNGO――一五カ国の比較研究』明石書店、二〇〇一年
子島進『イスラームと開発――カラーコラムにおけるイスマーイール派の変容』ナカニシヤ出版、二〇〇二年
子島進「NGOを通して見るイスラーム復興――パキスタンの事例を中心に」（『社会人類学年報』三一、二〇〇五年）
林佳世子「ワクフ制度――イスラーム都市空間構成の原理」（板垣雄三・後藤明編『イスラームの都市性』日本学術振興会、一

九九二年）

深沢宏「近代イランのワクフ（寄進財）――公共善と血縁集団」（『一橋論叢』七八‐三、一九七七年）

細谷幸子『イスラームと慈善活動――イランにおける入浴介助ボランティアの語りから』ナカニシヤ出版、二〇一一年

Ahmed, F., *Kawish Welfare Trust: A Study of Change through Community Development*, Rawalpindi: Riphah Centre of Islamic Business, 2012.

Alavi, S., *Islam and Healing: Loss and Recovery of an Indo-Muslim Medical Tradition 1600-1900*, New Delhi: Palgrave Macmillan, 2007.

Attewell, G. N. A., *Refiguring Unani Tibb: Plural Healing in Late Colonial India*, New Delhi: Orient Longman, 2007.

Benthall, J., and J. Bellion-Jourdan, *The Charitable Crescent: Politics of Aid in the Muslim World*, London: I. B. Tauris, 2003.

Clarke, G., and M. Jennings (eds.), *Development, Civil Society and Faith-Based Organizations: Bridging the Sacred and the Secular*, New York: Palgrave Macmillan, 2008.

Hamdard Foundation Pakistan, *Hamdard Foundation Pakistan: Twenty-Five Years of Service 1954-1979*, Karachi: Hamdard Foundation Pakistan, n.d.

Harmsen, E., *Islam, Civil Society and Social Work: Muslim Voluntary Welfare Associations in Jordan Between Patronage and Empowerment*, Amsterdam: Amsterdam University Press, 2008.

Kozlowski, G. C., *Muslim Endowments and Society in British India*, Cambridge: Cambridge University Press, 1985.

Metcalf, B., *Islamic Contestations: Essays on Muslims in India and Pakistan*, New Delhi: Oxford Unviersity Press, 2004.

Nejima, S., From Social Development to Religious Knowledge: Transformation of the Isma'ilis in Northern Pakistan, in Dudoignon, A., et al. (eds.), *Intellectuals in the Modern Islamic World,* London: Routledge, 2006.

Said, M., Zikr-e Hameed, in Malik Ram (ed.), *Hakeem Abdul Hameed Felicitation Volume,* New Delhi: Vikas Publishing House, 1982.

Said, M., Waqf al-Islami: An Introduction, in *International Seminar on The Place of Waqf in Islam,* Karachi: Hamdard Foundation Pakistan, n.d.

Said, M., *English Version of The Waqf Deed*, Karachi, 2003.

Singer, A., *Charity in Islamic Societies,* Cambridge: Cambridge University Press, 2008.

Swanepoel, H. and F. De Beer, *Community Development: Breaking the Cycle of Poverty,* Cape Town: Juta Academic, 2006.

謝辞

本研究のもとをなす調査の一部は，JSPS 科研費（研究課題番号：23652195「大地震と洪水被害へのパキスタン民間団体の対応」）の助成を受けておこなったものです。記して感謝します。

図版出典一覧

アル・ヒドマット	*44*右, *44*左
カーウィシュ福祉財団	*100*上, *100*下
ジャパン・イスラミック・トラスト	*12*上, *12*下, *15*上, *15*下, *30*上, *30*中, *30*下, *35*上, *35*下
田川基成	カバー表, カバー裏
著者提供	*32*, *34*, *36*上, *36*下, *39*右, *39*左, *40*上, *40*下, *47*, *49*, *53*, *55*, *59*右, *59*左, *73*, *74*上, *74*下, *92*, *93*

子島 進（ねじま すすむ）

1964年生まれ。

早稲田大学第一文学部卒業。

立教大学大学院文学研究科修士課程修了。

総合研究大学院大学文化科学研究科博士課程修了。博士（文学）。

専攻，文化人類学，南アジア地域研究。

現在，東洋大学国際地域学部教授。

主要著書：『イスラームと開発――カラーコラムにおけるイスマーイール派の変容』（ナカニシヤ出版 2002），『現代パキスタン分析――民族・国民・国家』（共編，岩波書店 2004），『館林発フェアトレード――地域から発信する国際協力』（共編，上毛新聞社事業局出版部 2010）

イスラームを知る21
ムスリムNGO　信仰《しんこう》と社会奉仕《しゃかいほうし》活動《かつどう》
2014年3月20日　1版1刷印刷
2014年3月25日　1版1刷発行
著者：子島《ねじま》 進《すすむ》
監修：NIHU（人間文化研究機構）プログラム イスラーム地域研究
発行者：野澤伸平
発行所：株式会社 山川出版社
〒101-0047　東京都千代田区内神田１-13-13
電話　03-3293-8131（営業）8134（編集）
http://www.yamakawa.co.jp/
振替 00120-9-43993
印刷所：株式会社 プロスト
製本所：株式会社 ブロケード
装幀者：菊地信義
 ISBN978-4-634-47481-9